JN014073

世界の学術研究から読み解く

職場に活かす心理学

Psychology for Better Workplaces

今城志保

Shiho Imashiro

東洋経済新報社

はじめに

　心理学という学問は、他の学問領域に比べて興味を持つ方々が多いのではないでしょうか。なぜならば、自分や人がどのように感じ、考え、行動しているかは、私たちが日々の生活を送るうえで、わかっておく必要がある、あるいは、少なくともわかっていたほうが助けになることが多いからだと思われます。

　社会心理学の分野で著名な研究者であるフリッツ・ハイダーは、普通の人々でも、自分を取り巻く社会やそこでの出来事、人間の行動などをどのように理解するかに関する「素朴心理学」（naive psychology）を有していると述べています。私たちは、日々の生活の中で、自分なりの心理学を用いて、予測や解釈、意思決定を行います。日々の生活が問題なく送れているということは、私たちの素朴心理学はそんなにまずくないのかもしれません。

　それでは、心理学を研究したり、学んだりする意味はどこにあるのでしょうか。学問としての心理学は、科学性を重視します。素朴心理学と大きく違うのは、誰にとっても真実である心に関する理論を見つけることをめざしている点にあります。素朴心理学は、1人1人の経験に基づいて構築されるため、人によって少しずつ異なっていたり、ある種の歪みを持ったりすることがあるのです。

　社会問題や職場の問題解決のためには、素朴心理学では限界があることがあります。なぜ、企業の女性活用は思ったほど進まないのでしょうか。なぜ、社員はわかっていながら、時間のかかる仕事を後回しにしてしまうのでしょうか。なぜ、国際紛争の解決は、こんなにも難しいのでしょうか。

　こうした私たちの頭や心を悩ませる問題の解決のためには、素朴心

理学では見えない、あるいは、歪んで見えている現実を、人の心の正しい理解を通じて捉え直すことが重要になるのです。そのために心理学の知識は役立つのです。

　本書では、心理学の知識をどのように職場や組織の問題解決に活用できるのかを考えていきます。組織や職場で働く人の心理を扱っているものには、産業組織心理学という専門分野があります。この分野も多くの役立つ知見を提供しているのですが、すでに教科書があって、そちらを読めば採用や人材開発といった人材マネジメントに関する多くの知見があります。ただし、産業組織心理学の研究の多くは、組織の視点から行われていて、どうすれば従業員のパフォーマンスが向上するかを問題意識の中心に置いています。

　しかし、本書ではそうではなく、働く1人1人に心理学の知見を活用するヒントを与えることをめざします。筆者は、人材系コンサルティングやトレーニングを提供する企業の研究員として、アカデミックな研究のかたわらで、現場で役立つアウトプットを考える仕事を行ってきました。そうした中で、企業の制度や施策以外にも、働く個人に役立つ知見が心理学には多く含まれることに気づきました。特に、大学院で社会心理学の勉強をスタートして以降、そのような思いは徐々に強くなった気がします。そこで、一般的に人が社会的な環境下でどう振る舞うかに焦点を当てて研究を行っている社会心理学の知見を中心に紹介していきます。

　本書で取り上げる研究のほとんどは、世界のメジャーな学術誌に掲載され、引用数が100を超えているものです。しかし、お断りしておきたいのは、これらの研究結果や研究が依って立つ理論が、将来的に否定される可能性があるということです。

　心理学は科学性を真摯に追求して研究が続けられていますが、扱っているものが人の心理であることから、研究結果も正しいか正しくないかの判断ではなく、相対的に検討されることが多いのです。それでも、心理学が積み上げてきた研究の知見には、働く人の日常に役立つ

ものが多くあると思います。

　読者の皆さんには、心理学がどんな学問であるか（決して人の心を見透かす学問ではありません！）を理解していただき、今までとは異なる視点で課題を見立てたり、解決策を考えたりする際のヒントにしていただければ幸いです。

　そして、本格的に理論や研究について興味を持たれた方は、ぜひ各分野を専門に研究されている方々によって書かれた著作を読んだり、相談されたりすることをお勧めします。それは、この分野の研究は日々前進しており、新しい研究結果が続々と世界中で報告されているからです。

　それでは、本文の構成を紹介します。

　第1章から第5章までは、働く「個人」の心理に着目します。

　第1章では、働く人の幸福や自分らしくあるということなど、これからの働く人にとって重要な価値になると思われることについて話をします。第2章では、いま日本で働く人が好むと好まざるとにかかわらず、そうなるべくプレッシャーのある自律的な働き方について考えます。第3章では、VUCAの時代の中で直面する環境変化にどのように対応すべきかのヒントになる研究を紹介します。第4章では、自律的な働き方に加えて、社会から企業倫理が高く求められる中で、働く個人が直面するであろう重要な判断の際に参考になる研究について紹介します。第5章では、ストレスにさらされる今日の職場や仕事の環境を乗り越える方法について考えます。

　第6章と第7章は、「他者との関係性」の心理に着目します。

　第6章は、協力して仕事を進めるときにベースとなる対人信頼と、協力することによってどのように生産性の向上が期待できるのかについて話をします。第7章では、人とうまくやっていくために必要な知識である人との助け合い、逆に人に向けられる攻撃性、そして多くの場合、それらを媒介する対人コミュニケーションとは、実際にはどのようなものかについて、研究からわかっていることを紹介します。

終章では、本書で紹介した心理学的な知見を、どのように自分たち
の問題解決に用いることが可能かについて考えます。

　各節の最後には、研究からわかっていることと、そこから得た現場
で活用する際のヒントをまとめとして挙げています。そちらも参考に
しつつ、読者の皆さんのキャリアや人間関係、そして職場が少しでも
良くなるヒントを見つけていただければ、著者としてこんなにうれし
いことはありません。研究を知り、理解し、そして、そこに思考をめ
ぐらせていただければ幸いです。

　最後に、多方面からサポートしてくれた同僚の研究員の藤村直子さ
んに感謝を申し上げます。そして、これまで研究会や学会、共同研究
などを通じて、多くの機会を提供し、心理学の面白さをたくさん教え
てくださった先生方や研究者の皆さまに、心よりお礼を申し上げま
す。

今城志保

目 次

終 章 | **心理学を問題解決に もっと活用するには** 209

第1章 これからの働き方に求められる価値観

　職場での世代間ギャップは、たとえば上司と部下の関係がうまくいかない場合の原因として考えられることも多いようです。また、長く働いてきた人は、自分が新人の頃と現在とでは、仕事の進め方や求められる行動に違いがあることに気づくことも多いのではないでしょうか。

　第1章では、「仕事で感じる幸福感」と「自分らしさの追求」という2つのテーマを取り上げます。いずれも、これからの働き方に求められる価値観であるといえるでしょう。一方、心理学の研究から見ると、これらのテーマは新しいものというよりも、人にとっての基本的な欲求や価値観に根差したものと捉えられるのです。

　このようなテーマが日本の職場で着目されてきたのは、働く個人の気持ちへと視点が向けられるようになったということかもしれません。

1 仕事で感じる幸福感とは
── 主観的ウェルビーイング

　ブータンでは、国民総生産（GNP）に代わる国民総幸福量（GNH）が国の豊かさの指標として用いられているという報道があり、大きな注目を浴びました。日本国内でも、国の幸福度を表す指標を策定する試みが行われたり、世界の幸福度を比較する研究結果が報告されたりしています。

　幸福でありたいと願うことは、誰にとっても至極当然のことです。幸福の問題は、経済学や哲学、政治学など、さまざまな学問領域で取り上げられています。もちろん、心理学もその1つです。

　働きながら、自分は幸せだなあ、と思う人がどの程度いるのでしょうか。そう言われると少し引いてしまう人も、仕事で満足感を覚えたり、面白さを感じたりするか、と問われると、そこに対しては判断がしやすくなります。近年、仕事と幸福感の関連が論じられることが増えましたが、以前はそうでもなかったように思います。

　以下の2つの質問について考えてみましょう。

- 仕事で不満を感じているが、幸福感が高い人はいるのだろうか。
- 自分は幸福だと思っている人は、仕事に不満を持つだろうか。

　回答は1つに限られるわけではありませんが、仕事と幸福感に関連性があることは明らかです。本節では、幸福感という言葉を用いて行われた心理学の研究を用いて、話を進めます。

　幸福感は、私たちが一般に使う用語です。さまざまなニュアンスを含みますが、大きく分けると、心地良いとか満ち足りているという「穏やかな感覚」と、より望ましいことや良いことを行っているという「達成感」にあたる感覚に分けられるとされています。

　これから紹介する研究では、主として「あなたはどの程度幸福です

か？」といった直接的な質問で幸福感の評定を行った結果を用いています。したがって、上記の2つの幸福感が混在したものであることに配慮する必要があります。

1-1 幸福であり続けるためには何が必要か

これまでは、「どのような特徴を持った人が、より幸福であると感じているか」を明らかにする研究が主として行われてきました。たとえば、「裕福な人のほうが幸福か？」「楽観的な人のほうが幸福か？」といった疑問を追求するものです。

一方で、「どうすればもっと幸福になれるのか？」についての研究は、意外なことですがあまり行われていません。仮に、裕福な人がそうでない人よりも幸福であるならば、今までよりも給料の高い仕事に就けば、あるいは昇給すれば、幸福感は上がるでしょう。しかし、この幸福感がどの程度持続するか、この後もさらに幸福感を高めるためには何が必要かといった疑問については、検討が十分に行われてきませんでした。

欧米のこれまでの研究では、次のことがわかっています。

- 幸福であると感じる度合いは、50％程度は遺伝によって決まる。
- 時によって、幸福を感じる度合いは上下するものの、早晩自分がもともと持っている平均的なレベルの幸福感に収まる。

つまり、もともと幸福感を覚えやすい人とそうではない人がいて、幸福だと感じやすい人は、時に不幸だと感じることはあっても幸福感を取り戻しやすく、幸福だと感じにくい人は、一時は幸福感を覚えても、またそう思わなくなるということです。

そう考えると、幸福になりたいと思うのは、無駄な努力なのでしょうか。

そうではありません。幸福感の変動がなぜ起こるのかは十分に明ら

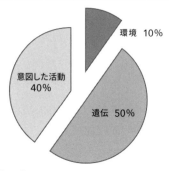

出所：Lyubomirsky, et al.（2005）.

かになっているわけではありませんが、幸福感は確かに変動するから
です。

1-2 「環境」と「意図した活動」の変化が 　　幸福感を変動させる

　幸福感の研究を行っているリュボミアスキーらは、より幸福になる
ためには、また、幸福であり続けるためには何が必要なのかという疑
問について調査を始めました。[1]

　彼らは、幸福感が変動するきっかけとして、「環境」の変化と「意
図した活動」の変化を挙げています。彼らの考える幸福の規定因とそ
の説明力は、図表1-1のとおりです。

　「遺伝」と「環境」の要因が影響する割合は、先行研究から明らか
になったものです。「遺伝」が50％の説明力を持ち、その人の幸福感
の平均値を決めています。「環境」の要因については、世界価値観調
査をはじめとする大規模な調査において、健康状態、収入、宗教など
と幸福感の関連が検討されましたが、実は関連はそれほど強いもので
はなく、10％ほどの説明力しか持ちません。

---

1 ―Lyubomirsky, et al.（2005）.

変化のきっかけ	具体例	幸福感の上昇効果の持続
環境	● 宝くじに当たった ● 昇給した　など	幸福感の上昇にすぐ慣れてしまい、効果が持続しない
意図した活動	● 留学のための勉強を始める ● 健康のために食べるものに気をつける ● 今日一日を振り返って自分が恵まれていることに感謝する　など	状態に慣れることなく、幸福感を上げる効果は持続する

　そこでリュボミアスキーらが着目したのが、残り40％を説明する可能性がある要因であり、それが「意図した活動」であると考えたのです。なぜ「意図した活動」を取り上げたかについては、これまでの幸福感にかかわる研究において、特に心理学では人が何らかの活動を起こしたことで、より幸福感を覚えることが示されていたからです。

　「環境」の変化は、たとえば宝くじに当たったとか、昇給したといったことですが、「意図した活動」は実際に行った行動の他に、思考や選択などの幅広い心理活動を含みます。たとえば、留学のための勉強を始めること、健康のために食べるものに気をつけること、今日一日を振り返って自分が恵まれていることに感謝することなどです。

　リュボミアスキーらは、この2つの効果の最大の違いとして、「環境」の変化による幸福感の上昇にはすぐ慣れてしまって効果が持続しないのに対して、「意図した活動」の変化に伴う効果は長続きすることであると考えました。

　この考え方を図示したのが図表1-2です。宝くじに当たっても幸福感を覚えるのは最初だけで、すぐにお金がたくさんある状態に慣れてしまいます。これに対して、「意図した活動」の変化では、自らの意志によって特定の活動を継続することで、あるいは、さまざまな活動に取り組むことでその状態に慣れることなく、幸福感の上昇効果が持続すると考えたのです。

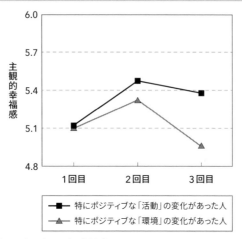

出所：Sheldon and Lyubomirsky（2006）.

　たとえば、シェルダンとリュボミアスキーは次のような調査を行い、この主張を支持する結果を得ています。[2] 研究では、大学生の同じ対象者に1セメスター（学期）に3回繰り返して調査を実施しました。毎回、そのときの幸福感を評定する他に、1回目の調査から2回目の調査までの間に起こった「環境」の変化と「活動」の変化の程度を尋ねました。

　図表1-3は、その分析結果です。特にポジティブな「活動」の変化があった人は、3回目の調査時にも幸福感が高かったのに対して、特にポジティブな「環境」の変化があった人は、2回目の調査時には幸福感が高まったものの、3回目の調査時には、その効果は消えていました。

2 ―Sheldon and Lyubomirsky（2006）.

1-3 自らが意図した活動による幸福感が持続する理由

　それではなぜ、自らが起こした活動による幸福感は持続するのでしょうか。意図して活動することで、活動の選択肢が増える、あるいは、意識して持続することで、その状態への慣れを抑える効果があるからだと説明されています。

　たとえば、昇給などの環境の変化がきっかけで幸福感が向上したとしても、その結果、従業員のやる気が向上し、新しく仕事での学びを始めるならば、幸福感は持続すると考えられます。

　上記の説明に加えて「意図した活動」は、自分の存在の意味や価値を確かめることにつながる可能性があります。ある経済学者は、登山家は大変な思いをしつつ山に登り続けますが、そうすることで自己が存在することの感覚を高めると述べています。[3]

　そして、その活動の根底には、人々が自分の活動に意味を見出そうとする動機があると述べています。登山家は、山に登ることに自分自身の存在価値や生きる意味を見出しています。だからこそ、1つの山を制覇した後は、別の山をめざします。そして彼らは、そのような人生に幸福感を覚えるのです。

　重要なことは、その活動は自分が行う意味がある、自分の存在には価値があると思えることではないでしょうか。日本を含むアジアの国々では、欧米に比べると自分の意志で活動することに高い価値が置かれているわけではありません。しかし、上記のように考えれば、誰かのために行動することも、それを自分が行うことに意味があると思えば、幸福感を高める効果が期待できるのです。

　自分の存在価値の重要性は、実は幸福感を上げるだけでなく、不幸な状況への耐性を論じる際にも当てはまります。

　精神科医であるフランクルは、ナチスの強制収容所に収監されたときの経験を綴った著書『夜と霧』で、限りなくストレスの高い苛酷な

---

3 －Loewenstein (1999).

状況の中で、自分が生きていることには意味があるのだと思えることが先への希望をもたらし、それによって生き延びることが可能であったと述べています。[4]

単に多様な活動を行うよりも、自分の存在意義や価値を置く活動に従事することによって、安定的に幸福感を高めることが可能であるように思われます。

ここまでの話は一般的な幸福感に関することですが、仕事での幸福感はどうでしょうか。仕事のみが人々の幸福の源泉であるとはいえませんが、多くの人が人生の約3分の1の時間を仕事に費やすとされることを考えれば、仕事が幸福感を高めることは望ましいことでしょう。

次に、幸福に仕事をし続けるためには何が必要かについて考えてみましょう。

1-4 仕事における幸福感

人生の幸福感と仕事の幸福感の間には、一般に正の関係があります。仕事で幸福であることは人生の幸福感を高める、あるいは、逆に人生が幸福であるからこそ、仕事で幸福を感じることがあるかもしれません。

リュボミアスキーらがこれまでのさまざまな研究をまとめた結果、幸福感が高い人ほどパフォーマンスが向上したり、仕事で成功したりすることが示されています。[5] なぜ幸福感が上がると、仕事で成功するのかについては、さまざまな説明が可能です。

たとえば、幸福感を覚えていると、ポジティブなものの見方をする傾向が強まり、リスクをとって新たなことにチャレンジしようと思うからでしょうか。あるいは、フランクルの例で挙げたように、ストレスに強くなるためでしょうか。

---

4 ―フランクル (1956)。
5 ―Lyubomirsky, et al. (2005).

一般的な幸福感の議論の延長線上で仕事の幸福感を考えるならば、仕事で意図した活動が継続して行われること、さらにその活動に意味があると思えるときに、仕事での幸福感が高まるといえます。昇給や昇進は、それ自体のありがたみは長続きしません。しかしその結果、自分の仕事がより意義あるものだと感じ、さらに新たな活動、たとえば部下の育成、などを継続して行うチャンスを与えられるならば、幸福感は持続するでしょう。

　ここで少し考えてみたいのが、「意図した活動」の中身です。図表1-2では、仕事とは異なる例が挙げられています。これらと新任管理職にとっての部下の教育は、何が同じで何が異なるのでしょうか。

　仕事の場合、自分で決めた活動が、いつもうまくいくわけではありません。また、何を行うかも自分だけでは決められないことのほうが多いでしょう。部下の育成も、うまくいかないことがしょっちゅうあるはずです。失敗が続くと、自分で決めて行った活動であったとしても、幸福感を低めるのではないでしょうか。

　とはいえ、そうならない理由が2つ考えられます。1つは、前述したような意図した活動の場合、うまくいかない活動のやり方を変えることができることです。2つ目に、その活動の意義を感じていれば、諦めることなく、より多くの選択肢を試そうとするのではないでしょうか。

　仕事は、その人を定義する一側面であるために、行うべき範囲を逸脱した仕事や、行う必要がないと思われる仕事を行わせると、怒りや組織における反社会的な行動を引き起こすことがわかっています。[6]外から与えられた仕事で意味のないことを行っていると感じることで、望ましくない結果を導く可能性が増すのです。

　従業員の「仕事での幸福感」を高めたいと思ったときにマネジメントが重視すべき命題は、「どうすれば、従業員は担当する仕事の意義を感じて、自分から意図を持って活動を行い、それを継続できるか」

6 －Semmer, et al. (2010).

ということになるでしょう。

1-5 マネジメントの支援

　仕事によって意義の感じやすさには違いがあります。たとえば医療系の仕事のように、自分の行ったことに対してすぐに反応が返ってくる仕事（フィードバックのある仕事）のほうが、意義を感じやすいといわれています。

　それでは、大企業の一般事務の人はどうでしょうか。理屈からすれば、自分が勤める企業が世の中に提供している価値が、間接的にそれを支える自分の仕事の意義となります。普段は顧客接点のない従業員に顧客の声を聴く機会を設ける試みを行っている企業もあります。ところが多くの場合、日々の仕事の中で意義を感じることは、難しいのが現実です。

　そこで、たとえば、仕事の意義を再認識すること自体を、意図して継続する活動とすることが考えられます。自分の仕事が役立ったと思うことを、一日の仕事の終わりに書き出したり、周囲の人と話をしたりする機会があったらどうでしょう。

　ただし、そういったことが思い浮かびにくい場合は、仕事の意義のなさを再認識して逆効果になる可能性が高まるため、要注意です。そのようなときは、役立ったことに気づいたり、認め合うために周囲の人と話をしたりすることが効果的です。

　仕事の意義は感じられるが、意図を持った活動を行うことが難しい場合も考えられます。安全管理に携わる仕事の場合、仕事の意義は明確なのですが、日々の仕事は単調になりがちです。もちろん、しょっちゅう事故が起こっては困りますから、それ自体には何ら問題はないのですが、褒められるようなポジティブなフィードバックは得られにくく、仕事の幸福感は上がりにくいかもしれません。

　こうした際には、意図する活動として、自分たちが役割を十分に果たさない場合に起こりうる可能性を想像させるような仕組みを取り入

れるのはどうでしょうか。これによって、何も起こらない状態への慣れを軽減できれば、良い効果が得られるかもしれません。

　実際のところ、書き出しても話し合っても意義が出てこなかったり、意図を持って活動する余地がなかったりする仕事もあるでしょう。また本人が、自分がやりたくないと思う仕事に従事している場合などは、どうすればよいのでしょうか。この場合、「今」の仕事を行うことの意義は、仕事そのものには見出しにくくなります。

　ただし、その仕事の先にあるものに意義を見出すことは可能です。先にあるものが、自分のキャリアや社会貢献につながると考えれば、そのための1ステップとして今の仕事を行うことは、幸福感につながるかもしれません。

　幸福感は自ら活動することによって高まることがわかりましたが、どのような活動でも同じ効果があるのでしょうか。「自分らしい」活動であることは、よりポジティブな効果をもたらすのでしょうか。次節では、この「自分らしくあること」について考えてみましょう。

第1節のまとめ

心理学の研究成果

- 幸福感の50％程度は、遺伝によって決まる。
- 「環境」と「意図した活動」の変化が幸福感を変動させる。
- 自らが意図した活動による幸福感は持続する。

職場への応用ポイント

- 幸福感が高いと、仕事のパフォーマンスは向上する。
- 自ら意図して仕事に取り組むことで、仕事での幸福感が高まる。
- 仕事の意義を再認識する場面を継続的に作ることで、仕事の幸福感を持続させる。

2 自分らしさの追求
──ユニークネス欲求と所属欲求

21世紀を展望した教育のあり方として、個性を活かす教育の必要性が主張されています。職場に目を転じてみると、「自分らしい仕事は何か」「仕事で自分らしさを活かしたい」といった考え方を持つ若者が増えているようです。

自分の強みや個性を発揮して働くことが、仕事での幸福感につながるとする考え方が根底にあるように思われます。自分らしさを殺してでも組織に合わせることを是としてきた世代の中には、このような考え方を苦々しく思う人もいるかもしれません。

「自分らしくありたい」と考えるのは、最近の若者世代の特徴なのでしょうか。だいぶ前になりますが、「ナンバーワンになれなくてもいいから、オンリーワンになろう」といった趣旨の歌が共感を呼びました。

心理学では、「自分らしくありたい欲求」は決して特別なものではなく、私たちが持つ一般的な心理的特徴として、「ユニークネスへの欲求」や「他者との差別化への欲求」といった概念を用いて研究が行われてきました。欧米と比べて、文化的に自己主張を控える傾向にある日本人にとって、自分らしく、ユニークな存在であることは重要なのでしょうか。

2-1 文化によって異なる自分らしさ追求の形

文化や国による違いに興味を持ったベッカーら40名もの心理学者は、19カ国、22の文化圏からデータを集めて、人が他者との差別化を望む動機にはどのような文化差があるのかを検討しました。[7]

---

7 ─Becker, et al. (2012).

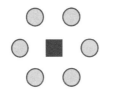
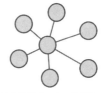

違いによる差別化　　　社会的地位による差別化

- 違いによる差別化では、中央の四角は形も色も周囲の丸とは異なる
- 社会的地位による差別化では、真ん中の丸は周囲の丸と形も色も同じだが、中心に位置をとっていることで差別化されている

出所：Vignoles, et al.（2002）.

　具体的には、「他者との差別化を求める動機は汎文化的なものであり、これが満たされることは快感情を高める。ただし、差別化をどう実現するかには文化による違いがある」ことを検証しました。

　図表1-4は、差別化の実現の仕方について表したものの一部で、差別化の文化差の検討に用いられたものです。[8] このうち、左図の「違い（difference）による差別化」は欧米で、右図の「社会的地位（social position）による差別化」は東アジアで多く見られる差別化の形であると考えられます。「違いによる差別化」とは、能力、価値観、意見、性格特性などで他者との違いがある状態を指します。「社会的地位による差別化」とは、社会的ステータスや役割、友人関係といった社会的関係性における自分の位置づけによって、他者との違いを確認することです。

　ベッカーらの研究結果の一部は、図表1-5に示すとおり、彼らの仮説を支持するものでした。[9] 米国のように開放性の価値を高く持つ文化では、社会的地位による差別化は効果を発揮しませんでした（左図の点線が右肩下がり）。一方で、日本のように、置かれた文脈によって

---

8 ―Vignoles, et al.（2002）.
9 ―Becker, et al.（2012）.

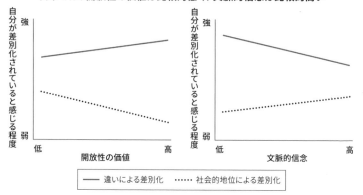

図表1-5　差別化の欲求の文化による違い

日本では、開放性の価値は比較的低く、文脈的信念は比較的高い

出所：Becker, et al.（2012）をもとに作成。

適切な行動が決まると考える社会では、違いによる差別化は効果を発揮しませんでした（右図の直線が右肩下がり）。

　さらに面白いことに、文化的に自分のユニークさが主張しにくい文化のほうが、差別化への欲求が強くなる傾向が見られたのです。

▶ 日本企業における差別化動機の充足

　この研究の結果を、現在の日本の働く環境に当てはめて考えてみると、いくつかの示唆が得られます。企業で働く日本人は、これまでは組織内で自分の地位を確立することによって、他者との差別化を行ってきました。これは社会的地位による差別化です。つまり、第1営業部の課長である自分は、そのポジションにあることで、周囲の人とは異なっています。

　しかし、現在の日本企業では、組織のフラット化に伴ってポストの数が減少する傾向があるため、役職の他に自分の組織内のポジションを確立させるものが必要です。加えて日本企業では、異動を伴うジェネラリストの育成を念頭に置いた人材活用が主で、専門性によって自分の地位を確立できる人は多くありません。

現在の日本企業で働く人にとって、社会的地位によって他の人と異なる自分の特徴や価値を確認することは、難しくなっていると考えられます。日本の労働者を対象とする調査を行うと、他国と比べて専門職志向が高い傾向があるようです。管理職への昇進以外の方法で、組織内の地位を確立したいとの期待の表れと考えることができるかもしれません。

2-2　所属の欲求と差別化の欲求のバランスの最適化

　私たちには、集団への所属を望む気持ちや他者への愛着といった気持ちもあります。どちらかといえば、人との差別化よりも、人に接近する動機についての研究のほうが多く行われています。

　たとえば、「自己カテゴリー化理論」と呼ばれる理論では、絵の好みのようなごく些細なものでも、自分と同じ選択をした人に、より好意的な行動をとることが示されています。自分自身の評価である「自尊心」も、一般に考えられるような成績が良いとか能力があるとかによるものではなく、自分が社会に受け入れられている程度を反映する指標であるとの考え方が提案されています。

　人の生存にとって集団に属することの重要性を考えれば、他者に受け入れられることを求めるのは当然だといえるでしょうし、そのためには周囲との共通点があったほうが安心です。

　一方で、差別化された状況であっても、周囲の人と同じところが全くないのは不安ですし、疎外感を覚えます。結局、私たちは、所属と差別化という一見相反する欲求のバランスがとれた状態をめざすと考えられます。

　このバランスのとり方の1つとして、集団における人の振る舞いについて多くの研究を行ってきたブリューワーは、「人は所属の欲求と差別化の欲求の両方を満たせる社会的な集団への帰属を志向する」と論じています。[10]

　ピケットらの研究では、自分が過去に人と違っていることを実感し

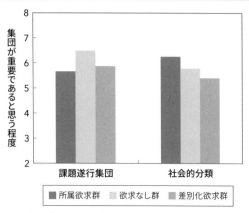

出所：Pickett, et al.（2002）をもとに作成。

たことを思い出してもらい、人と同化したい欲求を高めた群（所属欲求群）、あるいは、逆に人と同じであることを実感したことを思い出してもらい、人と差別化したい欲求を高めた群（差別化欲求群）、そして、いずれの欲求も高めなかった群（欲求なし群）に分け、自分が所属するさまざまな集団について、重要性や同一視する程度の評価をしてもらいました。[11]

　その結果、人と同じであることを実感した経験を想起させた群では、年齢や国籍といった大勢の人を含む集団（社会的分類）ではなく、スポーツクラブや大学の同期生といった比較的少数の人しか含まず、差別化が相対的に容易な集団（課題遂行集団）を重視する傾向が高くなりました（図表1-6）。これは差別化の欲求が高まったことによると考えられます。

　つまり、他集団との差別化がしやすい集団に属することで、その集団への所属の欲求が満たされると同時に、その集団の一員として他の

---

10 ─Brewer（1991）.

11 ─Pickett, et al.（2002）.

集団との差別化が図られたと解釈できます。

▶日本の職場における所属と差別化

　この観点で見るとき、日本の組織で働く人の所属と差別化の欲求は、バランス良く満たされているでしょうか。差別化の欲求については、自分の勤めている会社が、たとえば業界で一番である、あるいは、他の会社ではできないユニークな事業を行っている、などの明確な特徴があれば問題はないと思われますが、そのような会社ばかりではありません。

　また、差別化の欲求の充足を、所属する組織に代替してもらうとすれば、このピケットらの研究にもあるように、組織規模は小さいほうが望ましいといえます。大きな組織で働く人にとっては、自分が日々行っている仕事と、会社全体が行っている事業とのつながりを意識することは容易ではありません。NPOやNGOで働くことを希望する人が増えている背景には、社会的意義が明確で小さな集団の一員になりたいという動機があるのかもしれません。

　所属の欲求についていえば、少し前までの日本企業では、長期雇用と相まって従業員の所属意識は強かったと思われますので、あまり問題はなかったかもしれません。しかし、今日のように雇用やキャリアのあり方が変化して、組織に対する信頼感やコミットメントが低下してくると、所属欲求の充足も怪しくなってきます。

2-3 課題解決に向けた知見の適用

　先述したように、日本企業では、社内での地位やポジションによる差別化が困難になっていると考えられます。また、所属する組織そのものが他の組織と差別化されていることによって自分の価値を確認することも、社会や市場でユニークな価値を提供できている一部の組織に限られています。

　次のような職場の問題について、所属や差別化の欲求の視点から

は、どのような解決のヒントが見出せるでしょうか。

▶ 自分らしい仕事を求める若手

　「自分らしい仕事」にこだわる若者が増えているようですが、このような若者が、他者との能力や価値観などの違いによる差別化を意識するのであれば、欧米型のキャリアが適しています。

　欧米型の、自分の意見や価値観に合わせて組織を選択し、必要に応じて転職することは、所属の欲求と差別化の欲求という2つの欲求を充足させることができます。組織を選択する過程で、その組織と他の組織がどのように異なるかについて明確に意識することで、差別化の欲求が満たされます。また、自分で選択した組織であるため、所属の意識も高まると考えられます。

　しかし、このような差別化の追求は、日本文化にはなじまない可能性もあります。そして日本企業は、そのような差別化を許容できるでしょうか。若者の問題に限らず、グローバル化する組織マネジメントにおいても、同様の問題が考えられるでしょう。

　違いによる差別化を組織が許容する場合でも、組織メンバーの所属の欲求を満たすために、個人と組織が共通の価値観によって結びついていることや、メンバーが組織に受容されている感覚を高めることを伝える工夫が必要になります。

　あるいは、「自分らしい働き方」を志向する若者の中には、他者との違いによる自分らしさではなく、社会的な位置づけとしての自分らしさを求める人もいるでしょう。どのような差別化を志向するかを見極めたうえで、対応することが求められます。

▶ 創造的な人材の活用

　創造的で新しいことに挑戦できる人材を求める企業が増えています。もし企業がそうした人材を本気で求めるのであれば、既存の組織の中での社会的位置づけではなく、自分なりの価値観や意見にこだわった人材を活用することにほかなりません。この場合も日本企業

は、欧米型の差別化を積極的に許容していく必要があるでしょう。

　日本人を対象に行った研究では、協調性を重視するといわれている日本人でも、実は、「自分自身の理想は、協調的であることよりも自律心が強くあることだ」と思っていることが示されています。[12]

　ところが、この研究の参加者は、同時に「自分は自律心を強く持っていたいが、周囲の人はそれを望まないだろう」とも考えていました。協調的な振る舞いを評価することが社会で共有された信念になっている場合、人々はその信念に従って行動すると考えられます。そうだとすれば、創造的な人材を活用するには、組織はそのような共有の信念を克服する必要があるでしょう。

▶ 中高年従業員の動機づけ

　本章の最後に、中高年従業員の動機づけについて考えます。現在、日本企業が置かれているビジネス環境の変化は、組織で働く人にさまざまな影響を及ぼしています。

　変化がもたらした課題の1つが、組織で働く中高年従業員の動機づけの低下です。彼らの「社会的地位による差別化」の欲求が管理職への登用という形でかなわないだけでなく、それを与えてくれない組織への所属意識の低下という最悪の事態を招きかねません。

　組織は中高年従業員にキャリアの見直しの機会を提供しようとしますが、これは他者と異なる自分、自分らしい価値や特徴を意識させるという点で、欧米型の差別化に目を向けさせる試みであると考えられます。仮にこの試みが成功した場合、創造型人材の活用の場合と同様に、組織は「違いによる差別化」を受け入れる環境を整えなければなりません。

　また、これまで「社会的地位による差別化」のみを考えてきた中高年従業員にとって、突然に新しい差別化を志向することは難しいでしょう。その場合は、「社会的地位による差別化」の欲求を管理職と

---

12 ─橋本（2011）。

いうポストの付与以外で満たす方法、たとえば、組織内でその人の存在に意味を与えるような仕事のアサインや肩書の付与を行い、その人の役割やポジションを周囲が認めるほうが現実的かもしれません。

2-4　2つの欲求と幸福感

　ちなみに、所属と差別化の欲求が、実は、人がさまざまな集団や文化を形成するメカニズムの根底にあることを示唆する研究があります。この研究では、所属の欲求がありながら人の集団が最終的に1つに収束しない理由としては、差別化の欲求が影響を及ぼしている可能性が指摘されています。[13]

　ITの発達により、世界中の人々が物理的な制約を超えて自由に交流できる世の中が今以上に進化したとしても、人には差別化の欲求があるために、結局大きな1つの文化に収束することはなく、小集団に分かれると予測しています。所属の欲求と差別化の欲求は、人と集団の関係性を規定するものとして、かなり広範な影響を私たちの社会に与えているのかもしれません。

　「自分らしくありたい」と感じることと幸福感の関係も実証的に検証されていますが、研究の数はまだ多くなく、どのように相互に影響を与えるのかについては、十分な知見があるわけではありません。ただし、幸福感が自分で意図した活動に下支えされていたように、自分という存在を認識し、価値があると思えることが自分らしさの実感や幸福感につながっているように見えます。

　第1章では、仕事で感じる幸福感と、自分らしさの追求について考えてきました。いずれも今後、働く人にとって重要性が増すものです。生産性を追求するだけでなく、働く人にとって、より良い働き方とは何かに焦点が当たるようになってきたことによるものでしょう。同様に、第2章以降で紹介する心理学の概念も、働く人の気持ちや

---

13 — Mäs, et al. (2010).

行動を考える際に、役立つ場面が増えるものと思われます。

第2節のまとめ

心理学の研究成果

- 人は集団に所属する欲求だけでなく、他者との違いを認識する差別化の欲求も持っている。
- 日本を含む東アジアでは社会的地位による差別化が行われており、個性を中心とする欧米の差別化とは異なる。
- 人は所属する集団のユニークさによって、所属だけでなく差別化の欲求も満たそうとする。

職場への応用ポイント

- 日本企業では、昇進のチャンスが減り、ポジションによる差別化がしづらくなっている。
- 自分らしい仕事にこだわる若者には、ポジションによる差別化は響かない可能性がある。
- 組織そのものがユニークな価値を持つことが、組織の魅力につながる。

第2章 自律的なキャリアの実現に向けて

第1章では、自分で意図した行動をとることやコントロール感を持つこと、さらに自分らしく働くことが、働く個人の幸福感を高める可能性を考えました。第2章では、自律的な行動についてさらに考えていきます。

個人が求める以上に、最近多くの企業が、自律的に動ける人材を求めているようです。ビジネスにおいて仕事の専門性が増したり、環境変化のスピードが速くなったり、より細やかな対応が求められるようになると、現場の1人1人が自分で考えて、自律的に動ける組織のほうが望ましいことは容易に想像できます。これまでの日本企業が強みとしてきた、統制のとれた、計画をしっかりと実現できる組織に所属する従業員のイメージとは、ずいぶん異なるといえるでしょう。

この章では、自律的に動くとはどういうことか、また、どのようにすれば人は自律的に動くようになるのか、といったことについて考えます。

1 自分で目標を立てることの重要性
——目標意図と実行意図

　自律的な行動をとる場合、人は自分の意思や目標を持って行動していると考えるのが一般的です。たとえば転職をする場合は、どういった企業に転職したいかを選択して、転職活動を行います。設定する目標（希望の転職先）が常に妥当であるとは限りませんが、ここでは、本人が設定した目標に従って行動することの意味を考えます。また、転職を考えたとしても、必ずしも実際に転職活動をする人ばかりではありません。

　このように、意思や目標を持ったときに、それを実行に移すには何が必要なのかを考えていきます。

1-1 目標意図と実行意図

　意図と行動の関係について多くの研究を行っている心理学者のゴルヴィツァーは、ある目標や目的に向けて人が行動を起こすときには「目標意図（goal intention）」と「実行意図（implementation intention）」の2つの意図が作用するとしています。[1]

　目標意図とは、自分が成し遂げたいことを特定するものです（「私は○○を実現したい！」）。実行意図とは、ある目標を達成するための行動をいつ、どこで、どのようにとるかをあらかじめ決めているものです（「もしPという状況になったら、私はQの行動をとろう！」）。

　これら2つの意図は独立しており、目標意図があっても実行意図が存在しない場合があります。「やろうと思えばできるのだけど……」「やりたいことはあるけれど、やり方がわからない……」という発言が聞かれるのは、そういった場合です。

---

1 —Gollwitzer (1999).

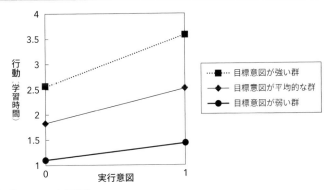

図表2-1 実行意図と目標意図の強さと行動の関係

（凡例）
····■···· 目標意図が強い群
── ◆ ── 目標意図が平均的な群
── ● ── 目標意図が弱い群

（縦軸：行動（学習時間）／横軸：実行意図）

出所：Sheeran, et al.（2005）.

　逆に、「自分に与えられた仕事をやろう」というときには、目標意図はあまり強くなく、自律的な目標設定とはいえません。そして、最も効果が高いのは、しっかりとした目標意図と、その実現に向けた実行意図が共にあるときだということが、実証的に示されています。図表2-1には、大学生を対象とした研究の結果が示されています。目標意図が強く（点線）、かつ実行意図があるとき、最も学習時間が長くなっていることがわかります。[2]

　私たちはかなえきれないほどたくさんの願いを持つといわれています。大金持ちになりたい、世界一周旅行をしたい、高校時代に戻って人生をやり直したい、モデルのような体型になりたい、社長になりたい……。その中から実現に向けた目標を目標意図として選択しているのです。それでは、私たちはどのようにして、自らの目標を選択・設定するのでしょうか。

　私たちが自分であるものや状態を目標とする場合は、自分にとって何らかの望ましい価値を持つ必要があります。加えて、その目標を達成できる可能性を、少なくとも自分自身は信じられる必要があるので

2 －Sheeran, et al.（2005）.

す。

　これを心理学者のバンデューラは自己効力感と呼び、多くの実証研究において、自己効力感は人が行動を起こす際の重要なキーになることがわかっています。この点で目標は、実行可能性をあまり問題にしない願いとは異なります。数多くの願いの中から特定の目標を選択するときには、自分には無理だと思うことには手を出さない、という至極常識的な結論が導かれるのです。

　しかし、実際のところ、選択肢が多かったり、価値判断が難しかったり、実行可能性が不透明だったりするため、特にキャリアの選択など大きな問題になると悩んでしまうことになります。

1-2　仕事における自律的な目標設定

　仕事における目標意図とは何でしょうか。多くの組織が従業員の目標設定をマネジメントに取り入れています。しかも、人事や経営層は組織側からの一方的な目標付与ではなく、従業員本人も関与して目標を設定すべきだということを認識していることも多いでしょう。

　しかし実際のところ、目標設定時には組織側からの要請が伝えられ、それを本人が受け入れるかどうかの意思確認をしていることが多いようです。もちろん、与えられた目標を自分のものとして目標意図を持つことは可能ですが、現在の組織が従業員に求める「自律的な動き」を考えると、目標を与えられなくても、自分で目標を設定することが必要になります。

　上で述べたように、自ら目標を設定するためには、価値を感じる目標を選ぶこと、それを実現できると強く思うことが必要となります。

　Aさんはこれまでソフトウェアの営業を行ってきました。初めの頃は商品知識をつけ、顧客のニーズをきちんと捉えて、妥当な商品を勧めることで、営業の目標達成をめざしてきました。最近は、あまり苦労しなくてもそれなりの成績があげられるようになりまし

た。そろそろ管理職に昇進するタイミングを迎えているＡさんは、上司からもそれに向けた指導を受けるようになっています。

　一方で、1つのソフトウェアだけでは簡単に解決できない問題について、顧客から相談を受けることが多くなり、Ａさんは自分の力不足を感じています。そこでＡさんは、営業としてもっと力をつけたいと思うようになり（目標の価値）、より難しい問題を解決できるようになることを決心します（目標意図）。

　Ａさんにはプログラムを開発する知識も経験もないものの、営業として現場のことはよくわかっている自信があるため、複数のプログラムの組合せによる対応や、プログラムのマイナーな変更を開発部門に相談することで、何とか問題が解決できそうに思っています（実現可能性）。

　一般に、自ら目標を設定するのは、選択を迫られたり、変化を志向したり、難しい状況に置かれたときが多いと考えられます。

　このケースでは、Ａさんは組織や上司からの「良い管理職になってほしい」という期待に応えるためではなく、「営業としての自分の力を伸ばしたい」という欲求から、目標意図を持ちます。

　もちろん、「管理職として活躍すること」を目標意図にすることも可能です。その場合、「自分は管理職としてどのような活躍をしたいのかを決めた」ということが自律的な目標設定になります。自律的な目標設定は、多くの良い点を持っています。

1-3　自律的な目標設定の効用

　自分で目標を決めると、その目標へのコミットメントが高まることがわかっています。80を超える関連する研究を統計的にまとめたクラインらによれば、目標へのコミットメントを高める重要な先行要因は、自分で決める、あるいは自分がかかわって決めるということでした。[3]

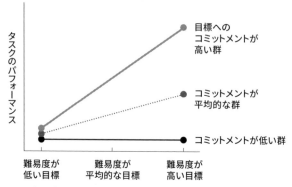

図表2-2　　目標へのコミットメントの高さとパフォーマンスの関係

タスクのパフォーマンス

目標への
コミットメントが
高い群

コミットメントが
平均的な群

コミットメントが低い群

難易度が
低い目標

難易度が
平均的な目標

難易度が
高い目標

出所：Klein, et al.（1999）.

　さらに同研究では、目標へのコミットメントが高いほうが、難しい
目標であってもパフォーマンスをあげることができると論じていま
す。図表2-2は、その考え方を概念的に示したものです。難易度の高
い目標は達成されるとパフォーマンスは向上します。ところが、コ
ミットメントが高くない限り、難易度の高い目標に向かって行動しよ
うとはしません。結果的にコミットメントが低い群では、タスクのパ
フォーマンスは目標のレベルと関係なくずっと低くなっています。

　日本の中高年ホワイトカラーを対象に、中年以降の仕事でのつまず
きをどう乗り越えるかを検討した結果でも、同様のことが示唆され
ています。[4] 自分で選んで始めた場合は多少のことでは諦めないため、
難しい局面であっても、より好ましい結果がもたらされます。

　また、自分で決めた目標であることに加えて、自分自身との関連性
が強い目標の場合は、ネガティブなフィードバックを受けた後、一層
やる気が高まることも次のような研究で示されています。

　医学部の学生を対象に行った実験の結果が図表2-3です。医者とし

3 ―Klein, et al.（1999）.
4 ―今城・藤村（2013）。

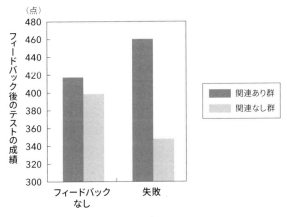

図表2-3 フィードバック内容によるテスト成績への影響

（点）

フィードバック後のテストの成績

関連あり群
関連なし群

フィードバックなし　　失敗

出所：Brunstein and Gollwitzer（1996）をもとに作成。

て必要な能力の測定であると言われて受けたテスト（関連あり群）では、1度目の失敗のフィードバックの後、2度目の成績が上昇しました。一方、医者としての能力とは関係のないテストとして問題を解いた場合（関連なし群）、1度目の失敗のフィードバック後、2度目の成績が低下しました。[5]

　また別の研究では、仕事の負荷が高く、裁量が小さいといった、一般にストレスを高めるような条件下でも、自分で決めた目標を追っており、それを達成できるとの信念を持つことで、仕事への満足感は11％上昇し、気分の落ち込みは12％軽減することが報告されています。[6]

　つまり、自分で設定した目標を追求することは、やる気を高め、うまく進まないときの耐性を高める効果が期待できるのです。

---

5 ―Brunstein and Gollwitzer（1996）.

6 ―Pomaki, et al.（2004）.

1-4 さまざまな目標の性質

　同じ状況に置かれていても、設定される目標の内容や難しさは人によってまちまちです。価値を感じる対象や、成功の見込みは、その人の過去の経験に左右されます。過去にある目標を達成した結果、高い満足感を得たり、自分にとって価値が高いと感じられた場合は、未来の目標設定の際も、同様の目標を立てようとすると考えられます。

　また、どの程度難しい目標を採用するかにも個人差があります。結果の望ましさと、成功確率の高さによって、目標の難易度は決定されると考えられます。高い目標を達成することに価値があると感じ、頑張ればその目標が達成できると思えば、チャレンジングな目標を設定します。どちらか一方がなければ、高い目標は設定されません。

　自己効力感の概念を提唱したバンデューラは、過去に難しい目標に挑戦して成功した経験が、本人の効力感を高め、より高い目標に向かわせると論じています。[7] 社員に高い目標を持ってもらうためには、仕事での成功経験が必要だといえます。

　フィンランドで25〜35歳の若手の管理職を対象に、個人的な仕事の目標に関する研究を行ったところ、自分の能力向上が最も多く（30.5％）、続いて、昇進（23.7％）、幸福（15.2％）、転職（13.7％）、安定した仕事（7.4％）、組織の目標（5.6％）、自分の収入（3.9％）という結果になりました。[8]

　目標の多くは個人にとっての利益が明確なものですが、組織の目標を自分の仕事の目標にしている人は、仕事へのエンゲージメントが最も高く、仕事による疲労感が弱いことがわかりました。一方、安定した仕事や転職を自分の仕事の目標にしている人は、仕事へのエンゲージメントが低く、仕事による疲労感が強いことが示されました。

　自分の目標と組織の目標がうまく合っている場合、目標を達成する

---

7 ─Bandure (2006).
8 ─Hyvönen, et al. (2009).

ための環境が整っていたり、周囲の支援が得られやすかったりすることで仕事に邁進することが可能になり、望ましい結果が得られると考えられます。さらにその結果、自己効力感が高まることで、より高い目標にチャレンジするようになることも期待できます。

　自律的な目標の決定は、自律的な行動への第一歩です。組織からの要請に従うだけでは、個人が自律的に目標を設定できる程度に限界があります。一方で、個人の側からいえば、組織で働いている以上、組織の目標とすり合わせたほうが、自律的な目標の達成可能性は高まります。

　個人の目標設定における価値観が組織のそれと大きくずれておらず、かつ本人が、実現可能性の妥当な見積もりができるだけの仕事の経験と知識を持っているならば、自律的な目標設定は、組織が心配するほど組織の目標にそぐわないものにはならないでしょう。

1-5　実行意図の重要性

　目標意図だけでなく、どのようにしてその目標を達成するかといった実行意図がしっかり考えられている場合のほうが、良い結果が得られることがわかっています。前述のように、実行意図とは、「P という状況だったら、Q を行おう」といった言葉で表現され、どのようなときにどのような行動をとるかをあらかじめ決めておくことです。

　実行意図を形成することで、行動を起こすべきタイミングを逃すのを防いだり、新しい行動の獲得を阻害するような習慣化した対応や考え方をブロックしたりする効果が認められています。[9]

　また、テニスの選手を対象に行ったエイチジャーらによるフィールド実験でも、実行意図の効果が示されています（図表2-4）。目標意図の条件では、「1球1球に集中し、全力でプレイし、試合に勝つ」といった目標を持つように操作が行われました。そして、実行意図と目

---

[9] ─Gollwitzer and Sheeran（2006）.

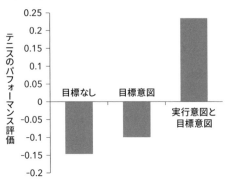

注：0が、前の試合時のパフォーマンス。
出所：Achtziger, et al.（2008）.

標意図の条件では、目標意図の操作に加えて、試合中に感じるネガ
ティブな感情や思考について、「もし、怒りを感じたときには、自分
自身を落ち着けて、『自分は勝てる』と唱える」などの実行意図を獲
得する操作を行いました。その結果、実行意図を持った選手は、前の
試合と比べてパフォーマンスが上昇したことが示されました。[10]

　目標意図だけで、実行意図が伴わない典型的なパターンに、「〇〇
すべきだと思うけれど、やり方がわからない」といったものがあるで
しょう。通常、目標意図は実行可能性を感じることで初めて意図とな
るため、実際には目標意図も固まっていない可能性があります。ただ
しここでは、目標意図はあるのに、実行意図が伴わない場合のことを
考えてみます。

　Bさんはキャリアのステップアップのために、2年後の異動で海
外駐在のポジションに就きたいと考えています（目標意図）。そのた
めには、英語の勉強をする必要がありますが、仕事が忙しく、思う

---

10 ─ Achtziger, et al.（2008）.

ように進みません。

Bさんの場合は、実行意図を上手に形成することで、目標に向けた活動が前進する可能性があります。たとえば、通勤中（会社への行き帰り）に毎日10個ずつの単語と、それを含む例文を覚えること、1カ月後に単語集を覚え終えたら、次は通勤中に覚えた単語を使った文章を毎日10単語分、頭の中で作文することなど、細かく実行する場所やタイミング、方法、スケジュールを決めます。どうしても仕事が忙しく、ノルマが達成できなかった場合は、週末に遅れを取り戻すというルールを自分に課すことなども考えられます。

実行意図は自分がつまずきそうなポイントを予想したうえで持つことが必要です。Bさんのケースでは、時間がないなどの阻害要因に対して効果の期待できる実行意図を考えましたが、時間の不足以外の阻害要因がある場合には、異なる実行意図が求められるでしょう。また、なぜ、どういったときに実行が阻害されるかを認識することで、新たな阻害要因が出てきたり、実行意図が効果的でなかったりしたときに、軌道修正することが可能になります。

仕事で自律的に行動するためには、まず成功の可能性をある程度持てる（全くダメだとは思わない）、そして、自分にとって価値があると思える目標意図を持つこと、さらに、その実行の際に想定される阻害要因を克服するための実行意図を持つことが重要です。

実行意図は、短期的には与えられることで機能しますが、継続的な自律的行動のためには、自ら考えて持ち続けることが望ましいといえます。次節では、成功の可能性を見積もることや、阻害要因の克服を考えることに関連して、自ら環境のコントロールが可能であると感じることの効用について考えてみましょう。

心理学の研究成果

- 目標に向けて人が行動を起こすときには、「目標意図」と「実行意図」の2つの意図が作用する。
- 自ら設定する目標には強くコミットするため、困難な状況下でも行動が動機づけられる。
- 「Pという状況だったら、Qを行う」といった実行意図をうまく設定できれば、新たな行動を促進し、より好ましい結果につながる。

職場への応用ポイント

- 仕事での目標設定は、個人が重要であると思うものを、自分で決めるほうが、より動機づけられる。
- 自律的に目標設定をする際には、組織目標との整合性を考慮するほうが、目標の達成可能性が高まる。
- 実行意図を設定する場合、具体的な阻害要因を意識するとよい。

2 自分の影響力を信じる
──コントロール感の効用と幻想

目標意図も実行意図も、自分でうまくやれる見込みがあってこそ、より自律的行動に効果的ではないかとお話ししましたが、ここでは、それに関連の強い「コントロール感」を見ていきます。

私たちは、明日の仕事のスケジュールや、来月に友人と行く予定の旅行など、これから起こる出来事について予測をし、それに向けた準備を進めます。その結果、程度の違いこそあれ、そこそこ計画どおりに物事が進んだ経験から、自分の行動は、想定した結果につながると考えていることが多いのではないでしょうか。

このような、環境への働きかけがうまくいくこと、あるいはうまくいくという感覚は、「コントロール」あるいは「コントロール感」と呼ばれ、心理学分野では多くの研究がなされてきました。

コントロールの概念を用いた心理学分野の研究は、多岐にわたります。そのため、研究によっては、客観的なコントロールの程度を扱うものや、個人が持つ「コントロールできる」という感覚を扱うものがあります。また、過去、現在、未来のどの時点のコントロールを扱うかという点での違いなどが指摘されています。ここでは、「コントロール感」や「知覚されたコントロール」といった心理的な要素に注目していきます。

ちなみに、客観的なコントロールの程度とコントロール感の間にはあまり強い関連性はなく、客観的にコントロールが難しい状況下でも、私たちはコントロール感を持つことができるとされています。このようなコントロール感の特徴は、人の行動や心理にどのような影響を与えるのでしょうか。

2-1 コントロール感があると、ストレスに強くなる

　そもそも人間（そして多くの生物）には、環境に影響を及ぼすことで望ましいものを手に入れたり、望ましくないものを避けたりする欲求があるといわれています。コントロール感は、この欲求に基づくものだと考えられています。人には自らの自由を制限されそうになることへの抵抗を示す「リアクタンス」と呼ばれる現象があることが知られています。

　ロミオとジュリエットのように周囲から反対されるほど、恋人と離れがたくなるといったことがあるかもしれません。また子どもの頃、親に「勉強しなさい」と言われたとたん、勉強したくなくなるといった経験は、多くの人にあるのではないでしょうか。これもコントロール感がいかに私たちにとって重要なものであるかを示しています。

　コントロールが注目される大きな理由は、コントロール感の高い人のほうが、ストレスに強かったり、幸福感が高かったりと、良い結果との関連が数多く報告されていることにあります。

　また、コントロール感は心理的健康や幸福感にとって重要であるだけでなく、身体的な健康にも寄与することが知られています。

　客観的なコントロールが低下すると考えられる高齢者を対象に、ローディンとランガーは米国の老人ホームで、次のような研究を行いました。[11] 一部の高齢者には、自分の部屋の家具をどのように配置するか、部屋に置く植物を何にするか、娯楽で映画を見る曜日をいつにするかなどの選択権が与えられます。他の高齢者に対しては、家具の配置替えなど、同様の介入がなされますが、すべて老人ホーム側が決めて行うというものでした。

　その結果は、図表2-5に示すとおり、選択権が与えられた入所者のほうが、自己評価ではより活動性が増し、看護師の評価では、より改善が見られたという結果でした。

---

11 — Rodin and Langer (1977).

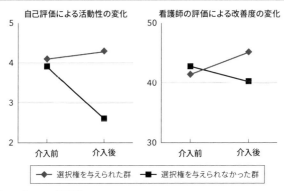

図表2-5　介入前後の自己評価と看護師の評価の平均値

自己評価による活動性の変化

看護師の評価による改善度の変化

◆ 選択権を与えられた群　　■ 選択権を与えられなかった群

出所：Rodin and Langer（1977）.

　ローディンらが実験の１年半後にその老人ホームを訪れた際に、実験の効果が持続していたことを見出しました。選択権が与えられた人たちは健康状態が改善する傾向があったのに対して、選択権が与えられなかった人たちの中には亡くなった人が相対的に多くいたことなどが明らかになっています。その後、コントロール感と寿命の間に正の関連性を検討した結果なども報告されています。

　コントロールとコントロール感は別物であると述べましたが、このような研究の結果を見ると、コントロールが難しいときほどコントロール感の持つ効果が大きいようにも思えます。

2-2 コントロール感は攻撃性を弱める

　コントロール感の影響は、ストレス対処や高齢者の問題だけにとどまるものではありません。たとえば、仲間外れにされた疎外感が攻撃性を高めることがわかっています。衝撃的な無差別殺人を起こす人の攻撃性は、社会から孤立した疎外感から生じているとする分析もあるようです。

　しかし、ウォーバートンらの研究では仲間外れにされた状況でも、

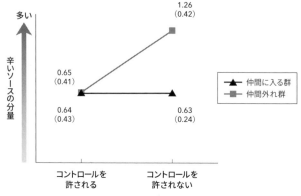

図表2-6　コントロールを許されることが他者への攻撃性に与える影響

出所：Warburton, et al. (2006).

コントロール感を与えることで、攻撃性が低減することが示されています。[12] 実験参加者は、そうとは知らされずに、2人の実験協力者と「味覚の好み」について調べる実験に参加します。

　実験準備の待ち時間に、参加者は実験協力者の2人から仲間外れにされます（仲間外れ群）。これが、ストレスがかかる群になります。その後、耳障りな音を何回か聞かされるのですが、コントロールを許される群は、音を聞くタイミングを自分で決められます。

　一方、コントロールを許されない群には、その自由がありません。その後、実験参加者は辛いのが苦手な見ず知らずの他者が味見をするとの説明の下、かなり辛いソースを自分が好きな分量だけ、味見用に取り分けるように指示されます。この量が多いほど、攻撃性が高まっていると考えます。

　実験の結果は、図表2-6のとおりです。仲間に入る群では、コントロールを許されても、されなくても攻撃性は変わりませんでしたが、仲間外れ群でコントロールを許されない場合には、高い攻撃性を示し

12 ― Warburton, et al. (2006).

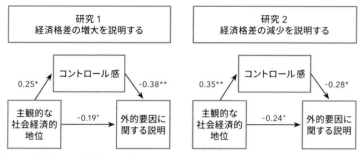

図表2-7　主観的な社会経済的地位が貧富の差の原因帰属に与える影響

注：*p＜0.05、**p＜0.01、†p＜0.10
出所：Kraus, et al.（2009）.

ました。

　また、クラウスらの研究では、参加者は経済的な貧富の差が増大している、あるいは減少していることを示すグラフを見せられて、そのような状況がなぜ生じるのかは政治や差別といった外的な要因にどの程度帰属するかを尋ねられました。[13]

　自分自身の社会経済的地位が低いと思っている人のほうが、経済格差の要因が外的なものであると思う傾向が強いのですが、その影響は部分的にコントロール感によって媒介されていました。結果は、図表2-7のとおりです。

　自分の社会経済的地位が低いと思うとコントロール感が下がり、その結果、貧富の差は、社会や政治に責任があると感じる傾向が強まりました。もちろん、本当に外的要因の影響がある可能性は否めないのですが、もし自分の社会経済的地位が低いと思っている人のコントロール感を高めることができれば、外的なものに原因を帰属する傾向は弱まり、自分で解決する努力を促すことができるかもしれません。

　これらの研究から見えてくることは、人はコントロール感を高く持つことで、将来の見通しが明るくなり、多少のストレスや逆境には負

---

[13] －Kraus, et al.（2009）.

けない強さを得ることができるということです。紹介した研究は、組織とは異なる文脈で行われたものですが、組織行動の理解や問題解決に向けたヒントを与えてくれます。

　今後、立場や働き方が異なる人が共に仕事をする機会はますます増えていくでしょう。仲間外れのような極端なことでなくても、さまざまな人が一緒に働く中で疎外感を覚えることもあるかもしれません。そのような場合に、他者を攻撃したり、他者を責める気持ちが生じたりしたら、コントロール感を高く持つことで、状況の改善に役立つ可能性があります。

2-3 職場でのエンパワーメントがコントロール感を高める

　それでは、職場において従業員のコントロール感を高める方法にはどのようなものがあるでしょうか。コントロール感は、ストレスや疎外感以外の、一般的な職場行動とどのような関係があるのでしょうか。

　関連がすぐに想像できるものとして、エンパワーメントがあります。上司が部下に対し、権限委譲をしたり、参加度を高めたり、情報や資源を与えるといったことです。先行研究で、エンパワーメントには部下の働く意欲を高めることが期待されています。

　それまで単なる議論にとどまっていたエンパワーメントとコントロール感の関連性を実証的に検討した結果、両者には強い正の相関があることが報告されています。[14] つまり、エンパワーメントすることでコントロール感は高まると考えられます。またコントロール感は、組織市民行動と呼ばれる、同僚を助けたり、組織のことを外の人に良く言ったりする行動と有意な正の相関が示されています。

　一方で、実際にコントロールの程度を上げることで仕事でのストレス軽減に効果が表れるのは、そもそも自分にコントロールできる

---

14 —Menon (2001).

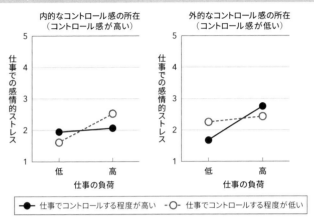

図表2-8 仕事のストレスとコントロールする程度が仕事における感情的ストレスの経験に及ぼす影響（コントロール感の違いによる影響の違い）

内的なコントロール感の所在
（コントロール感が高い）

外的なコントロール感の所在
（コントロール感が低い）

仕事での感情的ストレス

仕事の負荷

低　高

──● 仕事でコントロールする程度が高い　--○-- 仕事でコントロールする程度が低い

出所：Meier, et al.（2008）.

と思っている人だけであるといったマイヤーらの研究報告もあります。[15] スイスの物流会社で働く従業員を対象に、ストレスにつながると考えられる仕事の特徴、仕事をコントロールする権限を自らが持つ程度、コントロールの所在（自分、運やチャンス、力を持つ他者、にそれぞれどの程度コントロールできると思うか）、情緒的なストレスを感じる度合い、などを尋ねました。

　それらを用いた分析結果の1つが、図表2-8です。左図が自分自身にコントロールできると思っている人、つまり、コントロール感の高い人の結果で、右図がコントロール感の低い人の結果です。左図では、仕事の負荷が高まっても、仕事をコントロールする程度が高ければストレスは高まっていません。一方で右図では、負荷が高まると、仕事をコントロールする程度が高い場合のほうが、そうでない場合よりもストレスが高まっていることがわかります。

　この分析結果が示しているのは、客観的なコントロールの程度を上

15 ─ Meier, et al.（2008）.

げたとしても、本人のコントロール感を上げない限り、効果はないということでしょう。コントロールの所在が自分にないと感じている人に、ストレスのかかる仕事で多くの裁量を与えてしまうと、できないことを求められているとのプレッシャーばかりが高まってしまうのです。仕事の裁量を与える際には、まずコントロール感を高める必要があるでしょう。

2-4 「コントロール幻想」には
コントロール感を高めるヒントがある

　コントロールは人の基本的欲求に根差すものであることを述べましたが、そのためか、実際にコントロールが可能ではなくても、コントロールできると思ってしまう「コントロール幻想」という現象があることが知られています。これは、えせ科学を信じたり、根拠のない民間療法を信じたり、といった望ましくない結果をもたらすともいわれているのですが、うまく使えば、コントロール感を高めるヒントを得ることができます。

　コントロール幻想は、これまでは、自分がコントロールしているという感覚を得たいがために生じているといった、動機に基づく説明がなされていました。先述した「リアクタンス」を考えれば、ありえない話ではありません。

　しかし近年の研究では、それとは少し異なる結論が報告されているようです。[16] ヤリツらの実験では、行動群の実験参加者はある病気の治療薬の投与を行う自由を与えられ、結果を観察します。一方、観察群の参加者は、行動群の投薬とその結果の観察のみを行います。投薬の量にかかわらず、回復の確率は8割に設定されます。両群の実験参加者は、薬の効果を100点満点で評定します。

　図表2-9は、実験結果を示したものです。投薬の自由を与えられた行動群は高いコントロール感を持つと想定されますが、薬の効果の評

---

16 —Yarritu, et al. (2014).

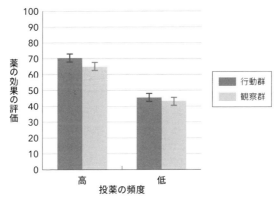

図表2-9　投薬の頻度による薬の効果の評価

出所：Yarritu, et al.（2014）.

価は、観察群と同等でした。これはコントロール幻想が、動機によっ
て生じるとの考えにはそぐわない結果であるといえます。一方で、投
薬の頻度が高いほど、効果があると思う、といった幻想が生じていま
した。

　この実験の結果からは、自分の行動頻度が高く、結果の発生頻度も
高いときには、そこに因果関係がなくても、自分が結果をコントロー
ルできているという幻想を抱く可能性があることになります。

　特にその行動を始めたばかりのときには、ある程度の頻度で行動す
ることでコントロール感を持たせることができると考えられます。た
とえば、以前に筆者のいた組織では、営業に出た新人は名刺獲得キャ
ンペーンと称して、とにかく多くの人に会うことを強いられました。
当時、筆者は営業職ではなかったため、苦労する同期を見ながら、た
くさんの人にただ会っても、営業スキルは向上しないし、意味がない
のに、と生意気にも思っていたことを思い出しました。

　しかしひょっとすると、たくさんの人と話すことや、その結果、
時々ポジティブな結果（名刺交換に応じてくれる）を得ることは、コン
トロール感を高める結果につながったのかもしれません。ずっと幻想

では困ってしまうのですが、新しいことを始めるときには、すぐに諦めずに続けることが結果的に自信につながる可能性を高めるといえるかもしれません。

　本節の最後に、ここまで述べてきたことから、コントロール感とは自分の働きかけで環境や外界、他者に変化を起こすことができる感覚といったイメージで受け取られたかもしれません。実は、環境に合わせて自分の考え方や行動を変えるといったコントロールできることもわかっています。前者はプライマリーコントロール、後者はセカンダリーコントロールと呼ばれ、日本を含むアジアの人は欧米の人と比べると、後者を使用する頻度が高いという報告もあるようです。

　しかし、セカンダリーコントロールはコントロール感が低いことを意味するものではありません。無理をして他者や環境を変えようとしなくても、自分を変えることによって自分の望む結果を手に入れることが可能であるとわかっていれば、コントロール感は低まらないでしょう。こういったコントロールのバリエーションを知ることは、どのようにコントロール感を高めるかを考える際には重要になると思われます。

　自律的に目標を設定して、その達成のためにコントロール感を持って行動することは重要です。ただし、仕事は自分の思いどおりに進められるものや、自分の考えが活かせるものばかりでもありません。そこで次節では、仕事の特徴と、自分のやりたいことをどのようにすり合わせればよいかについて考えていきます。

第2節のまとめ

心理学の研究成果

- 客観的にコントロールが可能なことと、コントロール感は必ずしも同じではない。
- コントロール感を持つことは、ストレス耐性を高めたり、攻撃性を弱める効果がある。
- コントロール感を持つことで、難しい局面でも諦めることなく対処しようとする。

職場への応用ポイント

- 部下へのエンパワーメントは、仕事のコントロール感を高めるのに効果的である。
- 客観的に仕事をコントロールする程度を高めても、本人がコントロール感を持たないと効果は期待できない。
- キャリアの初期には、自分の行動と望ましい結果の結びつきを数多く経験することが、コントロール感を高めるのに有効である。

3 仕事で大切なのは責任か夢か
——制御焦点理論

　下記の2つの文で、皆さんの仕事の捉え方により近いのはどちらでしょうか。

- 仕事は自分が面白いと思うことを追求したり、実現したりするものである。
- 仕事では、自分が果たすべき責任を全うしたり、周囲からの期待に応えることが重要である。

　ひょっとすると今の仕事では前者だが、以前の仕事は後者だったという方もいるかもしれません。また、自分の周りを見渡したときに、自分とは異なる捉え方をする人はいるでしょうか。そして、あなたはそういった人に対してどのような感情や評価を抱くでしょうか。

　心理学では、コロンビア大学教授であるヒギンズによって「制御焦点理論」（regulatory-focus theory）が提唱され、[17] 同理論に基づく研究が行われています。この理論を用いると、上記のような捉え方の違いが仕事にどのような影響をもたらすかを説明することができます。

　そしてそれは、コントロール感を持って仕事をするために何が必要かのヒントを与えてくれます。以下では、制御焦点理論を説明したうえで、仕事場面に適用可能な研究結果を紹介します。

3-1 快楽に接近し、 苦痛を回避する2つの自己制御システム

　古代ギリシャ哲学から、近代の心理学に至るまで、「人は快楽に接近し、苦痛を避けるように動機づけられる」とする「快楽原則」が繰

---

17 ─Higgins (1997; 1998).

り返し論じられてきました。この原則は、人だけでなく、多くの動物においても見られるとされます。

　制御焦点理論も、この考え方に基づいているのですが、この理論では人がどのように快楽に接近し、どのように苦痛を回避しようとするのかについて、2つの自己制御システムがあると論じています。

　1つは利得を得ることを志向する際の「促進焦点」で、もう1つは、損失を回避することを志向する際の「予防焦点」です。促進焦点の場合は、利得を得ることが快であり、利得を得られないことは不快です。予防焦点の場合は、損失を回避することが快であって、損失を出してしまうことは不快です。つまり、制御焦点の違いによって、異なる快の状態と不快の状態があると考えます。

　たとえば、大学生が学期末試験に向けて勉強することを考えてみましょう。通常の快楽原則では、良い成績をあげることは快で、失敗して単位を落とすことは不快です。

　ここに、制御焦点理論を当てはめて考えると、話はやや複雑になります。促進焦点にあるAさんは、「自分の目標とする良い得点を取ること」が目標です。その得点に届けば快ですが、その得点に届かない場合は、試験に合格したとしても目標は達成できず不快です。予防焦点にあるBさんは、「この試験で単位を落とすことは許されない」と考えています。得点はさほど高くなくても、無事、試験に通れば快ですが、試験に失敗して単位が取得できない場合は、大変不快な状態となります。

　制御焦点の考え方のポイントは、人が自分のめざすべき目標をどう捉えるかにあります。私たちは、状況に応じてどちらの自己制御システムを用いることも可能です。仕事に求められるものの違いによって、冒頭で述べた仕事の捉え方が影響を受けるのは当然です。たとえば、責任や確度が重視される仕事では予防焦点が、理想や夢を追い求めるタイプの仕事では促進焦点が用いられることが多いと考えられます。

　一方で、どちらの制御焦点を用いることが多いかには、個人差があることもわかっています。その場合は、同じ仕事に従事していたとし

ても、捉え方は異なってきます。自分の仕事の捉え方が仕事の特徴から来るものであるのか、あるいは自分自身の物事の捉え方に起因するものであるのかを振り返ってみることもできるでしょう。

　また制御焦点理論では、状況の捉え方によってその人の抱く感情や動機づけが異なることを予測します。たとえば、同じ快の状態であっても、促進焦点のときはうれしさや高揚感といった強い快の感情を経験しますが、予防焦点の場合は安心や安堵を感じます。

　逆に不快な状況の場合、促進焦点では落胆や悲しみを感じますが、予防焦点では脅威や焦りといった強い感情を得ます。感情には動機づけの効果があるといわれていますので、促進焦点ではますます快の感情を得ようと動機づけられ、予防焦点では不快な感情から逃れようと動機づけられると考えられます。

　以下に紹介する研究のいくつかは、制御焦点を実験の中で操作しています。つまり、状況の特徴によって、用いられる制御焦点が決まることを利用した実験です。また、それぞれの制御焦点を用いる程度の個人差を測定して、その違いが感情、認知、行動などに及ぼす影響を見た研究もあります。

3-2 制御焦点と仕事の動機づけ

　仕事への動機づけを扱った理論に「目標設定理論」があります。この理論によると、人は漠然とした状況ではなく、何か目標があるとその達成に向けて動機づけられるとしています。企業での目標は通常、部や課の達成課題に応じて定められます。目標意図のところでも説明したように、目標が動機づけの機能を持つためには、押しつけられたと思うのではなく、その目標を自分のものとして受け入れるほうがよいのです。

　制御焦点の考え方を用いれば、自分のよく用いる制御焦点と同じ制御焦点の目標のほうが、異なる制御焦点の目標よりも受け入れやすいと考えられます。

たとえば、商品デザインなどのクリエイティブな仕事に長い間従事している人の場合、仕事において促進焦点を用いることが多く、それに慣れているとします。その人が突然、予防焦点が主として用いられる商品の品質管理の仕事に従事することになった場合、確実性が高い業務を遂行するとの目標を受け入れるのは、そう容易ではないでしょう。

　仕事への動機づけを考える際に用いられる理論としては、他に「期待価値理論」があります。この理論によれば、私たちは価値があると思う結果につながるときほど、あるいは、その結果を得られる期待が高いときほど、動機が高まるとしています。

　ところが、ヒギンズらは、期待価値理論は促進焦点のときにのみ当てはまることを示しました。図表2-10は、彼らの考え方を説明するために用いた概念図です。

　促進焦点では、結果の価値が高いときに、また、その結果を得る期待が高まるほど動機が高まりました。しかし予防焦点では、結果の価値が高いときは結果を得られる期待の高低にかかわらず、常に動機は高く、結果の価値が低いときにのみ結果を得られる期待が動機を高めました。[18]

　予防焦点では、課題を成功させることは責任であり、しなくてはならないことです。こう考えると、結果の価値が高いとき（失敗できない重要な仕事を行うとき）は、成功する確率が高かろうが低かろうが、何としても成果をあげなくてはなりません。

　予防焦点の人にとって、失敗できない仕事では、常に動機づけは高まります。一方で結果の価値が低いとき（あまり重要でない仕事を行うとき）は、結果に対する責任感は薄れるため、動機づけは低くなり、その結果、期待の高さによって動機づけに違いが生じたと考えられるのです。つまり、予防焦点では、結果の価値の高低によって、動機づけのパターンが異なるともいえるでしょう。

---

[18] ― Shah and Higgins (1997).

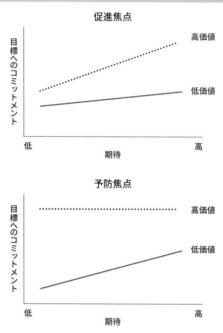

出所：Shah and Higgins（1997）をもとに作成。

　これは実験結果ですが、どちらの焦点を持つかによって目標の質が異なると考えると、動機づけが理解しやすくなります。新商品を市場に投入するという目標があったときに、促進焦点の人は、その商品がどの程度組織にとってポジティブなインパクト（たとえば、ブランド価値の向上、新たな利益の創出）があるかを考えます。うまくいくと思えば、やる気は高まるでしょう。

　予防焦点の人にとっては、失敗したときのネガティブな結果（たとえば、今後は類似商品を出せなくなる）がちらつきます。何としても成功させなくてはならず、成功確率は関係ないか、ひょっとすると低いほど頑張ろうと思うかもしれません。

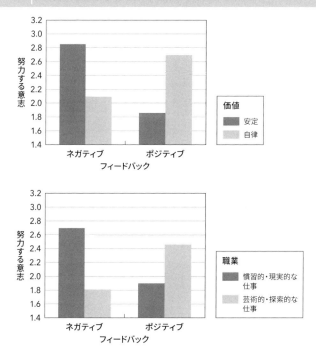

ポジティブ／ネガティブなフィードバックが
努力する意志に及ぼす影響（制御焦点の違いによる検討）

出所：Van-Dijk and Kluger（2004）をもとに作成。

3-3 制御焦点とフィードバック

　ポジティブなフィードバックとネガティブなフィードバックの効果
も、受け手の制御焦点によって異なることがヴァーンダイクとクルー
ガーの実験で示されています。[19]

　この実験では、なぜ自分が今の仕事を選んだかを参加者に書かせ
て、その記述をもとに職業選択理由における自律の価値（促進焦点群）
と、安定の価値（予防焦点群）に分けました。

---

[19] ─Van-Dijk and Kluger（2004）.

また、参加者の仕事を「慣習的・現実的な仕事」と「芸術的・探究的な仕事」に分け、前者を促進焦点を必要とする仕事、後者を予防焦点を必要とする仕事としました。参加者はネガティブなフィードバック（課題に失敗した）を受けたシナリオか、ポジティブなフィードバック（課題が非常にうまくいった）を受けたシナリオを読み、次に向けてどのくらい頑張るかを回答しました。

　その結果は、図表2-11のとおりです。促進焦点の人にはポジティブなフィードバックが、予防焦点の人にはネガティブなフィードバックが、今後への動機づけを高めたことが示されました。この結果から、上司がフィードバックを与える際には、部下にどちらの制御焦点での動機を高めてほしいのかを意識することが重要でしょう。

3-4 制御焦点と他者とのかかわり

　制御焦点理論は自分自身を制御するシステムの理論ですが、近年、職場の同僚やチームとのかかわりの中で個人がどのような影響を受けるかを理解するためにも、この理論が用いられるようになりました。

　通常、私たちの仕事は多くの人とのかかわりで成り立っています。自分自身が用いやすい焦点と、上司の用いやすい焦点が異なっているときに、どのようなことが起きるでしょうか。

　たとえば、「仕事は自分が興味を持って主体的に取り組むものだ」と思っている人が、「仕事は責任を果たすことこそが重要であり、自分の意見は二の次である」と思っている上司の下につくと、仕事がやりにくくなることは容易に想像できます。

　促進焦点の人にとっては、当該分野で成功を収めたポジティブなロールモデルが、予防焦点の人にとっては、その分野で失敗したネガティブなロールモデルが、それぞれ動機を高めることを示したロックウッドらの研究があります。[20]

20－Lockwood, et al. (2002).

この研究結果は、実験操作によってもたらされた制御焦点でも、一般にどちらの焦点を用いることが多いかといった制御焦点の個人差においても、同様に得られています。さらに、促進焦点の人にネガティブなロールモデルを提示したり、予防焦点の人にポジティブなロールモデルを提示したりすることは、動機づけにマイナスの影響を及ぼすことも示されました。

企業が従業員に自らのキャリアを自律的に考えてほしいと思う場合には、自律的なキャリア形成で成功したロールモデルを示すことが多いのですが、従業員が「会社は自分たちに辞めてもらいたいと思っているのだ」と感じている場合は予防焦点にあるため、ポジティブなロールモデルは効果がないばかりか、自律への動機を低めてしまう危険性があるということです。

職場でかかわる他者の制御焦点によって、動機づけが促進される効果があることもわかっています。リゲッティらの研究では、促進焦点の人でのみ、同じ促進焦点の他者といることで動機づけが高まることが示されています。一方で予防焦点の人には、同じ予防焦点の他者も、反対の促進焦点の他者も動機づけには影響を及ぼしませんでした。[21]

予防焦点の場合に他者の制御焦点の相違が影響しなかった理由について、さらに研究を進めた結果、予防焦点の人は促進焦点の人と比べて他者からの情報提供やアドバイスを求める傾向が弱いこと、また、予防焦点の人は他者の制御焦点がどちらかを正しく認知していなかったことがわかりました。

失敗を避けたい予防焦点の人は、自分の考えうる確実で安全な方法で仕事に向かおうとするため、他者からのアドバイスが必要との認識はなかったのかもしれません。もちろん、失敗を避けるために他者からのアドバイスが欠かせないとわかっていれば、そんなことはないのでしょうが、少なくとも、視野を広げたり、新しい視点を得たりすることを期待して、他者からのアドバイスを求めることはなかったので

21－Righetti, et al. (2011).

しょう。その結果、他者の考えに注意が向かず、他者の制御焦点には影響を受けなかったものと考えられます。

多くの従業員が予防焦点で仕事を行う組織が、変革型の組織文化を形成するために、促進焦点の人材を新たに採用して職場に配置したとしても、望むような効果は得られないかもしれません。すでに予防焦点で働いている従業員は、促進焦点の新規参入者からは影響を受けづらいからです。そのようなときは、先に仕事の進め方や評価を促進焦点に沿ったものに変えることが必要かもしれません。

3-5 制御焦点とチームや職場環境の影響

本節の最後に、チームの構造と制御焦点の関係について検討したディモタキスらの実験研究を紹介しましょう。[22] チームの構造を分担チームと機能チームに分けます。

前者は、1人のメンバーが多くの機能をカバーできるようになっており、タスク遂行においてメンバー間の協調の必要があまりありません。後者は、各メンバーが担う機能が限定的で、メンバー間の機能には重複がなく、タスク遂行の際にはメンバー間での協力が必要です。

前者は、個々人でタスク遂行が可能なため、促進焦点と予防焦点のいずれが求められる場合であっても、タスクの性質に合わせて、仕事を進めることができます。一方で後者は、1人の守備範囲が狭く、それぞれが事前にすり合わせた役割を担う必要があるため、個人の判断で目標を変えたり、新しい目標を持ったりすることは難しいと考えられます。

したがって機能チームでは、責任を持って事前に決めた役割を遂行する予防焦点のほうが、仕事がうまく進むと考えられます。2つの異なる構造のチームに、促進焦点を必要とする課題か、予防焦点を必要とする課題を与えました。

22－Dimotakis, et al. (2012).

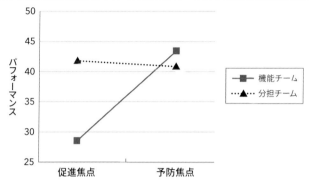

図表2-12　チームの構造と制御焦点の交互作用の検討

（縦軸）パフォーマンス
50
45
40
35
30
25

促進焦点　　　　予防焦点

——■—— 機能チーム
‥‥▲‥‥ 分担チーム

出所：Dimotakis, et al.（2012）.

　結果は、図表2-12のとおりです。分担チームでは、促進焦点の課題でも予防焦点の課題でもあまり差はありませんでしたが、機能チームの場合、予防焦点の課題のほうがパフォーマンスのレベルは高く、予測どおりの結果が得られました。

　この研究では個人特性としての制御焦点による影響ではなく、チームの構造と課題の性質という、いずれも環境の要因の影響を検討しました。その結果、組織構造をデザインしたり、仕事の進め方を工夫したりすることで、制御焦点をうまく活用できることが示唆されています。どちらの制御焦点が利き手であったとしても、私たちは環境に応じて適応的に振る舞うことができるのです。

　制御焦点の違いは、さまざまな場面で見られます。たとえば、組織変革への抵抗の理由が、制御焦点によって異なる可能性がブロックナーとヒギンズによって指摘されています。[23] 組織変革に際して、予防焦点の人は、新たに与えられる仕事の責任を果たせるかどうかや自分の仕事がなくなってしまうのではないかとの不安から、促進焦点の人は、将来の目標や夢を諦めなくてはならないことへの抵抗から、変

23－Brockner and Higgins（2001）.

化を避けようとするかもしれません。

　このような違いに着目すれば、前者には新しい仕事やその責任を明確に示して安心感を与えることが効果的ですし、後者には、彼らを変革のプロセスに巻き込み、変革が自分の新たな目標であると思ってもらうことで協力を引き出すことが考えられます。何らかの介入や問題解決のための施策を実行しようとする場合、仕事や対人環境を整えることによって、あるいは、従業員が用いやすい制御焦点を知ることで、より効果的な打ち手を講じることができるでしょう。

　人がコントロール感を持って自律的に働くことには、一般に良い効果が期待できます。ところが、実際の職場を見回してみると、必ずしもそうなってはいません。会社や管理職にとって、組織の期待に沿った成果を上げることが最も重要であるため、組織にとって望ましい制御焦点と組織メンバーが持っている制御焦点にミスマッチがある場合は、組織メンバーの自律性を高めることに価値が見出せなくなるからです。

　しかし制御焦点を理解し、うまく活用することで、今よりも多くの組織メンバーが自律的に活躍することは可能であると考えられます。特に、仕事の多様化、複雑化、専門化に加えて、短期間に仕事の進め方が変化する状況を考えると、個人に自律的に環境に適応しながら働いてもらったほうが、組織全体として適応的であるケースは増えるでしょう。

　また、働く人の多様化も、一律の仕事の進め方を難しくすると思われます。より多くの組織メンバーが自律的に活躍できる組織こそが、今後は求められるでしょう。

　1人1人が自律的に力を発揮することに加えて、企業が「自律的な人材」に求めているのは、企業が気づかないような新しい目標や高い目標を持ち、それを実行することです。そのため、組織メンバーには自律的に動くことに加えて、専門性やスキル、問題意識を高めたり、場合によっては行動変容が求められたりします。次章では、個人の行動変容や、自律的学習といった話題に触れていきます。

心理学の研究成果

- 自己制御のシステムである制御焦点理論には、利益や成功に接近しようとする促進焦点と、損失や失敗を回避しようとする予防焦点の2種類がある。
- どちらの自己制御システムを用いやすいかには個人差があるとともに、状況に応じて使いやすい制御焦点が決まることもある。
- 一般には、状況に適合した制御焦点を用いるほうが、ポジティブな効果が期待できる。

職場への応用ポイント

- 目標の与え方や、フィードバックなどは個人の制御焦点に合わせたほうが効果的である。
- 仕事の特徴、周囲の人の考えやチームでの業務分担の仕方などによっても、効果的な制御焦点が変わってくる。
- 自律的な働き方を実現するためには、個人の持つ制御焦点の傾向を活かすことを、個人も組織も意識することが効果的である。

第3章 変化の時代に対応する

ビジネスだけでなく、それを取り巻く社会環境も大きな変化にさらされています。組織からの要請に応えるためだけでなく、私たち自身も生き延びるために変化をする必要があるでしょう。過去に自分が成功したやり方で仕事を進めても、以前ほどうまくいかないことを、何となく感じている人もいるのではないでしょうか。

しかし、変化はリスクです。そのため、まだ変わる必要はない、今のままで大丈夫だと自分に言い聞かせる人が多いのかもしれません。

第2章では、自律的に行動することについて考えました。その一方で、制御焦点理論のように、自律性を発揮する方向はさまざまで、自分自身の志向と環境が求めるものがすり合っていることが重要であることがわかりました。第3章では、人の「行動の変化」に関連した考えをいくつか紹介します。

変化の時代に適応するためには、まず自分自身を知ること、環境を知ること、そして、必要だと思う変化のために学ぶことが重要になってきます。

1 自己評価はなぜ甘くなるのか
—— 内省とフィードバックと自己理解

　この章では、たとえば私たちが自律的に働きたいと思ったときに、その方向性が自己満足ではなく、環境に適応して活躍できるようになるためのヒントになる考え方をいくつか紹介します。

　今のままでは駄目だから変わろうと思ったときに、自分の行動の何を変えればよいかがわかっている人はどのくらいいるでしょうか。また、自分の能力を的確に評価できれば、やりたいことの実現可能性を上げるような、働き方や仕事の選択が可能になるはずですが、実際にはそうなっているでしょうか。周囲の人の評価や客観的な事実とぶれずに、自分を適切に評価することは、なぜ難しいのでしょうか。

1-1 自己評価の特徴

　「あなたは同じ仕事をしている同僚と比べて、自分の仕事の能力はどの程度だと思いますか？」という問いに対して、①平均よりかなり下、②平均よりやや下、③平均程度、④平均よりやや上、⑤平均よりかなり上、の5つの選択肢が与えられています。あなただったらどれを選ぶでしょうか。

　米国を中心に行われてきた数多くの研究では、ほとんどの人が、④か⑤を選択するという結果が報告されています。このような現象は、「平均点以上効果」（above average effect）と呼ばれています。古い研究では、たとえば、米国の大学教授の94％が自分は平均以上の教師であると答えたとする結果が報告されています。

　一方で、日本では謙遜の文化の影響もあり、この傾向は多少弱まると考えられます。それでも、評価するものが「優しさ」や「真面目さ」などの一般に望ましいとされている特徴、あるいは、取得が比較的容易だと考えられる特徴については、平均点以上効果が見られるよ

うです。

　冒頭の質問の「仕事の能力」を、自分が従事する仕事を普通にこなすための能力と捉えれば、そして、ほとんどの同僚がそれなりに仕事をこなしている場合は、多くの人が自分は平均以上だと思うかもしれません。「人に迷惑をかけないこと」の評価となれば、自分は平均以上だろうと思う人はもっと増えるかもしれません。

　ちなみに、プログラミングやデータ解析、外国語のように、獲得が難しく、また、客観評価が可能なものの場合には、平均点以上効果が見られないこともわかっています。

　正しい自己評価や自己認知は、個人にとって常に良い効果をもたらすわけではありません。これまでの心理学の研究では、健康な精神状態にある人ほど、自分を実際よりも良く思う傾向を持っていますが、うつ症状にある人には、このような傾向があまり見られないこともわかっています。

　しかし、仕事において、正しく自分の能力を認知することは重要です。どのように仕事を成功させるかを考える際にも、今後の能力開発を考える際にも、正しい自己の能力の把握は欠かせないでしょう。そこで、自己評価や自己認知に関して行われた多くの心理学的な研究を参考にしながら、必要な場面において能力の自己認知の精度を高める方法について考えてみましょう。

　なぜ、私たちの自己評価は、高ぶれする傾向にあるのでしょうか。評価ではなく、自己理解であれば、正しく行うことは可能でしょうか。正しい自己理解は、どのような利益を個人にもたらすのでしょうか。

1–2　本当の自分は、こんなものではない

　筆者は高校時代、進学校に通っていたのですが、そこには地元の中学校でかなり成績の良かった生徒が集まってきていました。当然、高校に入るとクラスメートの中での自分の成績はさほどでもないか、下

のほうになってしまいます。その頃に、私の友人がよく言っていたのが、「ちゃんと勉強すれば、自分の成績はもっと良くなるのだけれど」という言葉でした。

この発言の裏にあると思われる現象を明らかにする研究がウィリアムズとギロヴィッチによって行われました。[1] 実験参加者は、自己評価群と他者評価群とにランダムに分けられ、自己評価群では、同性、同年齢の他者に対して、自分自身の特徴がどの程度の位置かを特定し（例：自分の「創造性」は、同様な他者と比べて下から60％の位置）、また、自分自身の特徴が最も高いときと最も低いときの位置をそれぞれ評価することを求められました（例：自分の「創造性」は45〜80％の間）。

他者評価群では、同性、同年齢の他者を1人思い浮かべて、その人について自己評価群と同様の方法で特徴の評価を行いました。結果は図表3-1のとおりで、自己評価群では、可能な最も高い位置を自分の特徴としたのに対して、他者評価群では、最も高い位置と最も低い位置の中間あたりをその人の特徴としたことがわかります。

つまり自分の場合は、最も良い状態が真の自分であり、他者の場合は、普段目にするその人の行動の良いときと悪いときの真ん中あたりが、典型的なその人であると考えていることになります。なぜこのような違いが生じたのでしょうか。

その理由として、自分のことを考えるときは将来の可能性を高く見積もるが、他者についてはそうでないからだとウィリアムズらは論じています。そして、同じ論文の別の研究で、特定科目の最終成績の予測を自己と他者に対して行ったところ、自己の場合は、それまでにその科目で出された課題のうち、最も出来の良かった課題をもとに最終成績が予測されたのに対して、他者の場合は、出された課題の平均的な出来をもとに予測されたとの結果を得ています。

他者についてではなく、自己について考える際には将来の可能性を

---

1 －Williams and Gilovich (2012).

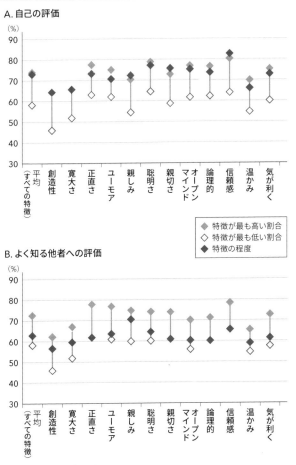

A. 自己の評価

B. よく知る他者への評価

凡例：
◆ 特徴が最も高い割合
◇ 特徴が最も低い割合
◆ 特徴の程度

出所：Williams and Gilovich（2012）.

考える傾向があるという仮説をさらに検討するために、ウィリアムズらは今度は言葉を使ったゲームで実験を行いました。[2]

　実験では、繰り返しゲームを行うたびに自分の成績（実際）と、そ

---

2 － Williams, et al. (2012).

の結果をどの程度高めることができるか（ポテンシャル）について、フィードバックを受けました。また、同じタイミングでゲームを行っている架空の競争相手の成績についても、実際の成績とポテンシャルに関してフィードバックを受けました。

その結果、自己に関する情報についてはポテンシャルが、他者に関しては実際がより重視されていることがわかりました。自分のことを考える際には、視点は将来に向かう傾向があり、その際には自分自身のベストの能力が発揮されることを期待する傾向があるようです。

この結果を踏まえると、筆者の高校時代の友人が言っていたように、将来的には、勉強をした結果、自分の真の能力が発揮され、成績が上がると思うことは不思議ではありません。そしてこの傾向が、自分を評価する際に平均点以上効果を生じさせている理由の1つだと考えられます。

1-3 適切な自己能力評価にも能力が必要

自分自身の将来の可能性を見込むのは一般的な傾向であり、それ自体は人にとって望ましい傾向であるように思います。一方で、将来の可能性を見込みつつも、現実に目を向ける必要もあります。たとえば、結果が数字や客観的な成果として目に見えるものである場合は平均点以上効果が表れにくくなることは前述しましたが、そのような場合でも、自己評価が高ぶれすることがあります。

能力の低い人ほど自己評価が高ぶれすることを示した研究は、本章の第3節で紹介します。このような現象が起こる場合、能力が低い人ほど、自分の能力を高く思いたいからという動機に基づく理由が考えられます。しかし、アールリンガーらの研究の結果によると、動機ではなく、能力が低い人は適切に自己評価するための評価の枠組みを持たないために、現実とのずれが大きくなったことが示されたのです。[3]

---

3 —Ehrlinger, et al. (2008).

受験勉強をしていた際などに成績が上がるにつれて、テスト後に自分がどの程度できたかの予測が結果と合うようになったという記憶がある方もいるのではないでしょうか。仕事の場合も同様で、できる営業担当者ほど、受注できるか否かの予測の確度が高くなります。

　正しい自己能力評価を行うためには、妥当な評価の枠組みや基準が必要で、それを持たない場合の評価は、まさにぼんやりと自分の将来の可能性のみに依拠することになり、現実との乖離が大きくなるのです。

　能力を伸ばすために妥当な自己評価が必要なのにもかかわらず、それが難しいことが予想される場合には、客観的なデータ（たとえば、テストの成績）や周囲からのフィードバックを受け、なぜ現実との乖離が生じたのかを丁寧にひもといて分析することで、正しい評価の枠組みを獲得することが必要でしょう。

1-4　自己理解の確からしさ

　平均点以上効果は何らかの側面での自己評価を扱ったものですが、自己理解についてはどうでしょうか。

　性格特性の自己認知の正しさを扱ったバザイヤーとカールソンの研究のレビュー結果によれば、性格特性の自己評価と実際の行動の関連性は弱く、自己評価と他者評価の関連性に劣ることが報告されています。[4] しかし、自己評価と他者評価の関連性も中程度で決して高いものではありませんでした。

　つまり、自分は誠実だと思っている人がいたとして、周囲の人も本人が思っているのと同程度にその人のことを誠実だと思っているとは限らない。また、その人はどちらかといえば誠実に行動することが多いものの、いつも誠実に振る舞うとは限らないということになります。何が正しいかはさておき、少なくとも自己理解は、客観的な行動

---

[4] －Vazire and Carlson (2011).

や周囲からの認知と一致するわけではありません。

　自己理解が十分でない理由として、実は私たちの行動の多くが無意識に行われており、そのような行動がとられた際の状況や理由に直接アクセスする方法を持たないことが、近年の心理学や脳科学の研究で指摘されるようになっています。また、自覚していない態度によって行動が影響を受けることなども報告されています。つまり、どんなに一生懸命に振り返ってみたところで、自分の行動をすべて理解できるわけではないということです。それどころか、よく考えることが、かえって偏った情報処理をさせてしまうことがあります。

　一例として、理由を考えることで認識や判断が変化することがウィルソンらの実験によって示されています。[5] 実験参加者は、架空の学生の特徴を書いたリスト（ポジティブなもの、ネガティブなもの、ニュートラルなものをほぼ同数ずつ含む）を渡されて、その学生についての印象評価を行います。その後、リストの一部を再提示されますが、半数にはポジティブ情報が多く提示され、残り半数にはネガティブ情報が多く提示されます。再提示されたリストを見た後に、一部の参加者のみ自分の行った最初の印象評価の理由を考えます。その後、印象評価を行った架空の学生をどの程度好ましいと思うかを、7段階で評定します。結果は図表3-2に示すとおり、最初の印象評価の理由を考えた実験参加者においてのみ、再提示された情報にポジティブなものが多かったか、ネガティブなものが多かったかに、好感度が影響されたことがわかりました。

　この実験の参加者は、評価の理由を考えることで、直近に再提示された情報の影響が不当に高まったことになります。上記の実験は他者への評価でしたが、自己への評価についても同様のことが起きないとは限りません。

　単によく考えれば真実が見えてくるというわけではなさそうです。では、自分を振り返ることには意味はないのでしょうか。

---

5 －Wilson, et al. (1995).

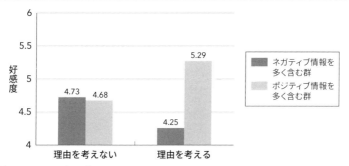

図表3-2　架空の学生に対する好感度評価

出所：Wilson, et al.（1995）.

1-5　内省が自己理解にもたらす効用

　良い方向に自分を変えたいと思うときに、自己を客観視することで、新たな行動を起こしたり、努力を継続したりすることが可能になります。そのためには、自分を振り返ることが効果的だとよくいわれます。上で説明したこととは逆のようですが、内省には自己評価や自己認知の限界を超えた効用があると考えられています。

　この点について心理学の研究では、内省が妥当な自己理解を促すというよりも、環境変化に適応するための自己の安定性を促進するものとしての価値を示唆しているようです。たとえば、トラウマになるような経験や、感情的につらい経験をしたときに、その経験について書くことは、精神的に良い効果があることが示されています。文章に書くことで、たとえつらい経験であっても、感情を切り離して自分を客観視したり、認知的にその経験に意味づけをしようと思うためと考えられています。内省をし、自分の行動や判断に一定の意味づけをすることは、自分自身の思考や判断が一貫しているという感覚を高め、自己コントロール感を高める効果があると考えられます。

　意識的に自分の行動を理解しようとして意味づけることは、人が他者とうまくやっていくために備わった機能だと考える研究者もいま

す。ある程度の一貫性を持った人とかかわるほうが、その人の行動を予測しやすいと少なくとも考えられるため、関係を保ちやすいのです。

また、自己評価に関しても、自分の将来は明るいと楽観的に信じている人ほど、他者から人気があることを示す研究があります。多くの人が、一緒に仕事をするのであれば、自分に自信があって仕事ができそうな人がよいと思うのではないでしょうか。

プライスとストーンの研究では、2人のアドバイザー（自信過剰なAさん、中庸なBさん）が株式に関して予測し、研究参加者はどちらのアドバイスをとるかの選択を行います。その研究結果が**図表3-3**に示されています。

最初は、Aさんを選択した人のほうが多くなりました。さらにその後、実際に株価が上がったかが表示されます。どちらのアドバイザーも株価が上がることを予測できた程度は変わりませんでしたが、2人のアドバイザーのうちどちらが知識が豊富かと問われると、自信過剰なAさんを選択した実験参加者（濃い網かけの棒）は、当然多くがAさんを選択しました。[6]

中庸なBさんを最初に選んだ人も、Bさんのほうが知識が豊富だとする傾向は見られるのですが、いずれでもないとの回答を行った人も、相対的に多くいることがわかります。自信過剰なアドバイザーのほうが、予測結果以上に豊富な知識を高く評価されたのです。

しかし、いくら自信過剰が良いといっても、あまりに他者の評価とかけ離れて自分は素晴らしいと思っている人は、社会的に受け入れられません。本当は平均的な能力しかない人が自分のことを平均以上だと思っていてもよいでしょうが、その人が自分は上から5％の位置にいると思っているとすると問題でしょう。

どうも、少しくらい自分を良く思うことにはあまり害がないものの、それが周囲の評価とあまりにずれてしまったときに、問題になる

---

6 —Price and Stone (2004).

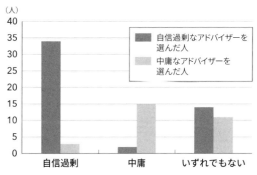

図表3-3　より多くの知識を持っていると思うアドバイザーはどちらか

（人）

- 自信過剰なアドバイザーを選んだ人
- 中庸なアドバイザーを選んだ人

自信過剰　　中庸　　いずれでもない

出所：Price and Stone（2004）.

ようです。現実とあまり乖離しないレベルで適度な自己評価や自己認知を獲得する方法は、何でしょうか。周囲の評価とのずれの程度がキーとなるということは、他者からのフィードバックを活用することが有効であるといえます。

1-6　他者からのフィードバックを得る

　他者の反応を鏡にしながら、自分を理解していくという考え方は、社会学や社会心理学の分野で1900年代の初めから用いられてきました。特に子どもの発達時期においては、この考えはかなり当てはまります。一方で大人になると、事はそれほど単純ではなく、自分の自己認知が正しいという前提で他者に接するようになるため、それと異なる他者の評価や意見を受け入れることが難しくなります。

　このような場合は、他者の意見のほうが、より事実に即していることを示すような客観的情報やデータがあれば、他者の評価を受け入れやすくなります。また、自己認知と異なる他者の意見を受け入れることは自己コントロール感を低めることにもなるので、脅威を感じないような環境下でフィードバックを行うことや、本人が感情的になるこ

となく、一歩引いて自分を客観視することが可能な環境を整えるなどの工夫も必要かもしれません。

　部下の仕事の進め方が適切でないと思っている上司が、上司である自分の言うことを受け入れるべきだ、と一方的に思って部下の指導を行っても、うまく伝わりません。まず部下に、上司の意見のほうが正しいと思ってもらうことが必要です。ここで上司が、「そんなの当然だろう！」と怒ってしまっては駄目なのです。残念ながら、上司の意見や仕事の能力を部下が認めていない場合もあるでしょう。

　そのような場合は、部下が尊敬する職場の先輩の意見をうまく用いることも効果的かもしれません。たとえ上司が部下の仕事に精通していなくても、他者の視点を提供できる１人として、本人の考えを聞いたうえで、自分の考えや意見を伝える姿勢をとれば、部下も耳を傾けるのではないでしょうか。

　人のことだったらよくわかるのに自分のことは見えていない、自分には甘いといった現象は何も特定の人のみに見られるのではなく、かなり一般的な傾向であるようです。つまり、自然にしておいて、自己評価が正しくなることはないということでしょうが、それは気にしなくてよいと思います。しかし、周囲からのずれが大きくなっている場合には、意識して、他者や客観データによるフィードバックを得るような機会や仕組み作りが必要だといえるでしょう。

　この節では、行動変容や学びのための自己理解の必要性とその難しさについて話を進めてきました。次節では、行動変容に着目して、人が変わるプロセスではどのようなことが生じるのか、そこから見えてくる行動変容の難しさとその克服のヒントについて見ていきます。

心理学の研究成果

- 私たちは、自分のことを実際よりも少しポジティブに評価する傾向がある。
- 自己評価が実際よりもポジティブな理由の1つは、高く見積もった将来の可能性に影響されるためである。
- 自己理解と他者からの評価は、ある程度は関連するが、一致しない。

職場への応用ポイント

- 経験が浅い場合、適切な評価の枠組みをまだ持っておらず、外からのフィードバックが必要となる。
- 自分の行動を振り返ることは、妥当な自己理解をいつも促進するわけではない。
- 一貫した自己認識を持つことは関係の構築に有効であり、内省はその役に立つ。
- 一方で、一貫した自己認識に合わない情報は受け入れにくく、脅威を感じることなく本人が情報を受け入れる方法を工夫することが必要である。

2 なぜ人は変わらないのか
──計画的行動理論

　フィードバックを受けて自己認識が変わったとしても、また、自己認識は適切で常々変わりたいと思ったとしても、自分を変えることはたやすいことではありません。

　それは多くの人が実感しているのではないでしょうか。仕事以外でも、健康のためにもう少し体重を減らしたいとか、もっと積極的に人に話しかけられるようになりたい、といった気持ちになっても、実際に行動に移さなかったり、少しやってみたけれど失敗に終わったりする人は少なくないように思います。

2-1 行動変容についての5段階モデル

　行動の変化について、心理学では、図表3-4に示すような5段階からなるモデルが提案されています。変わろうと意識する前の状態から（考慮前）、変わろうと考える段階に進み（考慮）、そのための準備を行います（準備）。その後、新しい行動を起こし（行動）、それを維持できるようになることで（維持）、行動変容が生じます。[7] これに沿って、変化のためのどのようなチャレンジが存在するかについて、以下に述べていきます。

　本人が変わりたいという意志を持っているのに変われないことを不思議に感じるとすれば、それは人は自分の意志で行動しているはずだとの前提を置いているからです。「あなたは自分の意志で日々行動していますか？」と尋ねられれば、多くの大人は「そうです」と答えるでしょう。たとえ指示された仕事であっても、自分で「やろう」と思うからこそ、その指示に従うのですから。

---

7 ─Prochaska, et al. (1992).

図表3-4　行動変容モデル

| 考慮前 | 考慮 | 準備 | 行動 | 維持 |

出所：Prochaska, et al.（1992）をもとに作成。

　一方で多くの心理学者は、日々の行動の非常に多くの部分が無意識に行われていることを理解しています。[8] 無意識の行動でも、意志を持っていないとはいえないとの議論もあるのですが、少なくともそうしようと意識していない行動だと思ってください。たとえば、朝に起きてからオフィスに着くまでの行動の多くは習慣化されているため、意識されずに行われることが多いのです。

　上記の行動変容モデルからわかるように、行動を変える場合は、考慮や準備をしたうえでかなり意識的に行う必要があるのですが、変えたい行動が意識的なものである場合と、習慣化されたものである場合では、重要となるポイントが異なります。そこで、まず習慣化された行動、次に意識的な行動について考えます。

2-2　習慣化された行動の変容

　習慣化された行動を変えることの難しさに関しては、主に医療分野や健康管理の分野で研究が行われてきました。生活習慣を変える、アルコール依存症の治療を行う、体重を減らす、といった健康のために行動を変える試みです。

　このような場合、本人にも行動を変えたいという強い希望があることが多いのですが、残念ながら、いつも成功するとは限りません。つまり、「考慮」までは終了しているのに、「準備」あるいは「行動」のステップへと進めないのです。

---

8 ―Bargh and Morsella (2008).

これについて、行動の変化によって生じる情緒的な反応が着目されました。[9] 特に行動を変化させることで生じるネガティブな感情の影響が大きく、その感情から逃れるために、新しい行動は選択されなくなります。

　たとえば、悲しみや憤りを紛らわせるためにお酒を飲むことがあります。たとえそれが翌日の重要な会議に差し支えるとわかっていても、あるいは、肝臓が悪いからと医者に飲酒を控えるように言われていても、悲しみや憤りの感情が強いと、お酒を飲むことを選択するかもしれません。

　強い感情によって、合理的な判断が阻害されることは恐怖症の例によく見られます。高所恐怖症の人にとって、高いところに上がることは合理的に危険ではないと理解できるのですが、恐怖の感情が喚起されるため行動に移すことができません。

　ここまで極端な例でなくても、過去の何らかの経験によって、強いネガティブな感情と結びついた行動をとることは難しくなります。たとえば、新入社員のときに上司からしばしば激しく叱責された経験を持つ人は、別の上司に対しても何かを相談することに抵抗を感じるようになるかもしれません。

　また、感情とは関係なくても、習慣化した行動を変えることは難しいのですが、その理由は、行動が意識せずに行われる点にあります。習慣化は、特定の行動をある条件下で繰り返し行った結果、その条件に直面すると意図せずに行われるようになることを指します。たとえば、寝る前に歯を磨く習慣は、「寝る前の時間」が条件になります。もう少し細かい癖のようなこと、部下から声を掛けられると、いつでも「なんだ？」と無愛想な返答をしてしまう、なども含まれます。

　習慣化された行動は無意識に行われるため、変えることが難しいのですが、それを引き起こす条件が生じないように、新しい環境に移ってしまえば比較的容易に変えることが可能です。

---

9 ─Loewenstein（1996）.

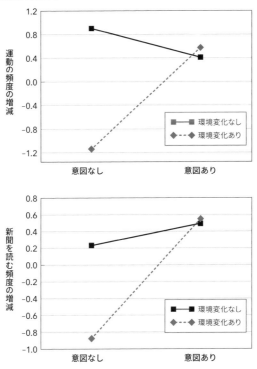

図表3-5　環境変化と本人の意図が運動・新聞を読む頻度に及ぼす影響

出所：Wood, et al.（2005）のデータをもとに作成された Neal, et al.（2006）のグラフをもとに再作成。

　図表3-5は、大学を移った学生に対して行ったウッドらの研究で、運動をする、新聞を読むなどの習慣が、どのような場合に変化したかを検討した結果です。[10] 前の大学で上記のような行動が習慣化されていた場合でも、環境が変化して自分がその行動をとり続ける意図がないと、その行動をやめてしまうことが示されました。

　一般に習慣化した行動を変えるためには、環境を変えることが効果的だということになります。ただし、環境を変えることが難しいこと

10 ─Wood, et al.（2005）.

も現実にはあるでしょう。その場合は、行動のきっかけになっている条件が何かを特定して、それと行動の結びつきを絶つ必要があります。

前述した無愛想な返答をする上司の例でいえば、部下に声を掛けられたら「〇〇さんか」と相手の名前を必ず呼ぶようにする、といったことになります。「無愛想に返事をしない」ではなく、なるべく具体的な行動を決めることで、きっかけとなる状況と新しい行動を結びつけることができるのです。

それでも無意識に行ってしまっていることなので、新しい行動を継続するのは、なかなか大変です。また、従来の行動を変えようとすると、強い不安やストレスを生じるような場合や、新しい行動を起こすための条件が複雑な場合は、さらに継続は困難になります。「継続」のステップについては、2-4項で取り上げます。

2-3 意識的な行動の変化

社会心理学の分野では、意識した行動についての研究も盛んに行われてきました。ここでは、行動に対する態度と、実際の行動との関連の低さが問題点として扱われてきました。たとえば、環境に配慮して、節電することは良いことであるとする態度は多くの人が持っていますが、実際に皆が節電するわけではありません。

こうした状況を説明するのによく用いられるのが、マサチューセッツ大学のアジェンによって提案された「計画的行動理論」（Theory of Planned Behavior）と呼ばれるものです。

習慣化された行動とは異なり、こちらは「考慮」のステップが重要になります。図表3-6のモデルの「行動に対する態度」「主観的な規範の認知」「知覚された行動の統制可能性」から「意図」に至る部分に該当します。[11]

---

11 ―Ajzen (1991).

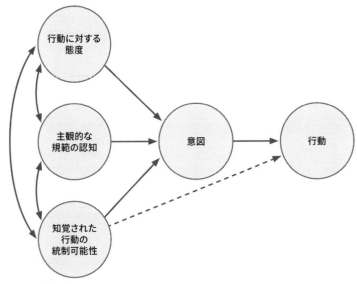

出所：Ajzen（1991）.

　つまり、行動するかどうかは、単にその行動が良いと思うか（態度）だけではなく、その行動が社会的な常識に反していないか（規範）、自分にはその行動を実行できる力があるか（統制可能性）といったことを考慮したうえで、決定されます。

　たとえば、電車の中で携帯電話をかけることについて、仕事の連絡で急を要するので仕方がない（態度）と思いつつも、周囲の人はそれを許さないだろうと感じ（規範）、自分は周囲の目を気にせず電話をするだけの度胸はないと思い（統制可能性）、結局、電話をかけなかった、といった例が考えられます。

　新しい行動を起こす際には、その行動が望ましいものであると思っていても、行動を起こすべき状況が不確実だったり、行動の結果が十分に予測できなかったりするため、考慮と意思決定が必要になるのです。加えて、周囲がそれをどう思うかも気になりますし、新しい行動

をうまく行う自信がなければ、その行動を起こす意思は持てません。

　また、行動経済学の知見からは、人は現在生じる結果を、将来生じるであろう結果と比べて不当に大きく見積もる傾向があることがわかっています。将来的にはメリットがあるが、行動を変えることで、周囲の人は「今」どう思うかということや、失敗した「直後の」ダメージを考えると、なかなか変えることに踏み切れないことになります。いわゆる「先延ばし行動」が生じるのです。

　このモデルのもう1つの特徴は、「知覚された行動の統制可能性」は、意思決定後も行動をとるかに影響すると考えられていることです（図中の点線部分）。これはいざ意思決定をしたものの、その場になると、やはり自信がなくてやめてしまう場合などが挙げられます。

　行動を変えようという意図が、実際にどの程度行動の変化をもたらすかを検討した実験が複数行われています。ウェブとシーランがこれら4つの実験をまとめた結果、実験の操作によって、変わろうとする意思はかなり強く持つようになったものの、実際に行動が変化したのは、そのうちの一部に限られていたことを報告しています。[12]

　特に、モデルが予測するように、行動の統制可能性を低く見ている場合に実際の行動を起こさない傾向が強まることもわかっています。行動変容を目的とした介入（たとえば、研修など）では、本人が「自分はやれる」と信じることが、成果を上げる1つのキーポイントであると考えられます。

2-4 変化後の行動の維持

　変化を起こすことと同様、あるいはそれ以上に変化を維持することは難しいものです。変化を起こすことと変化を維持することは、図表3-4の行動変容モデルでも異なるステップに置かれているのですが、変化の維持に関してはあまり研究が進んでいません。

---

12 — Webb and Sheeran (2006).

健康心理学の研究者であるロースマンは、変化を維持することの難しさを指摘し、いくつかのアイディアを提供しています。[13] 行動を起こすかどうかは、結果がもたらす利益への期待によりますが、行動を継続するかどうかは、行動の結果が満足のいくものであるかどうかによるのです。たとえば、ダイエットプログラム参加者で、当初の期待が高すぎる（たとえば、30キロの減量）人ほど失敗してしまう、との研究結果が紹介されています。

　計画的行動理論を行動の維持の場合に当てはめて考えると、新しい行動を起こすことで良い結果が得られた場合、つまり、結果に満足した場合、その行動に対する態度はより良くなるかもしれませんし、行動の結果周囲から恐れていたような反応は起きなかったことを見て、規範の認識が変化するかもしれません。何よりも行動することで満足のいく結果が得られたことで、行動の統制可能性の認知は高まることが予想されます。

　行動の維持に関しては、今後の研究が期待されますが、行動の直後には、小さくとも効果があったことを実感させるような取組みを用いることで、維持のサイクルを促進することが期待できるのではないでしょうか。

　自分の現状を妥当に把握しても、そして、意思があったとしても、新しい行動に挑戦するまでには、いくつかの超えなければならないハードルがあることを見てきました。次節では、「自律的な働き方」に加えて今後の変化への適応に求められる「自律的な学び」について考えていきます。

---

13 ―Rothman（2000）.

第2節のまとめ

心理学の研究成果

- 行動変容には、考慮し、準備し、行動した後はそれを維持するステップがある。
- 習慣化された行動は、行動の条件となっている環境や要因を取り除くことで生じにくくなる。
- 意図した行動は、その行動へのポジティブな態度だけでは不十分で、社会的に受け入れられ、自分がうまく行動できると思うことが必要である。

職場への応用ポイント

- 行動変容を促す際には、習慣化されている行動か、意図した行動かに応じて対応策を考える。
- 習慣化された行動の場合、その行動がどのような条件や感情に結びついているかを考え、対処方法を検討する。
- 意図的に行っている行動であっても変えられない場合は、周囲の反応や行動への自信のなさなどの阻害要因を考えて対処する。
- 新しい行動を継続するためには、その行動の効用を感じられるような仕掛けが効果的である。

3 社会人の自律的な学び
──メタ認知

　環境変化に適応するために、自分の行動を変えることだけでなく、新たな知識やスキルを身につけたり、今の能力を伸ばしたりすることも重要です。特に自律的なキャリアや働き方のためには、新しい知識やスキルの獲得は有利に働きます。

　学生時代と異なり、特に定められたカリキュラムやテストのない社会人にとって、学びの多くは自律的なものです。また近年、リカレント教育やリスキリングという言葉で、社会人の学びの重要性が強調されるようになっています。学習行動に関する研究は主に生徒や学生を対象に行われてきたのですが、以下ではその知見を使いながら、大人が自律的に学ぶことについて考えてみましょう。そのキー概念として、メタ認知を取り上げて、それがどのように学習の中で用いられるのかを見ていきます。

3-1　メタ認知とは

　メタ認知とは、「自分の考えについて考えること」（Thinking about Thinking）との定義がなされています。つまり、自分自身の認知や思考をあたかも第三者のように客観視して、これらを理解したり、振り返ったり、時にはコントロールすることです。近年この概念は、職場におけるマネジメントや人材開発の文脈でも注目されています。

　メタ認知の概念は、教育場面における心理学研究において、1970年代の終わり頃から扱われるようになりました。近年は、社会心理学や臨床心理学などの分野でも研究が進められています。ちなみに、社会心理学の中では、通常外界の刺激に対する認知を「一次的認知」、一次的認知に関する認知を「二次的認知」と呼び、この「二次的認

知」がメタ認知であるとの定義がなされています。

　こちらの定義に従えば、メタ認知は外界の刺激とは直接関係のない、過去の経験の振り返り、将来の予測や計画、仮想的な出来事の想像などの幅広い認知を含むことになります。たとえば、コーヒーを飲んで「おいしい」と思うのは一次的認知ですが、「やっぱり、疲れているときはコーヒーに限る」と思うのは、自分は疲れているという認知とコーヒーをおいしく感じるという認知をつなぎ合わせたメタ認知です。

　なぜマネジメントや人材開発の文脈でメタ認知が着目されるのかは、近年、仕事や職場で直面する課題の多くが、メタ認知を用いなければ解決できないということがあるのかもしれません。

　たとえば、EQ の呼称でも知られている感情知性（Emotional Intelligence）もメタ認知と関連があります。「私は不愉快だ」と感じるのは一次的認知ですが、なぜそうなのかを理解したうえで、どう行動すべきかを考えるのはメタ認知です。つまり、感情知性が高い人は、感情に関するメタ認知が優れているということができるでしょう。

　また、創造的問題解決の場面では、既存の知識を新たな分野に適用したり、既存の知識同士を組み合わせたりするなどで新たな解決方法を開発することが求められますが、これもメタ認知です。

　メタ認知は高次な認知機能全般を包含し、私たちのさまざまな領域や場面の心理的活動に、ほぼ全般的なかかわりがあるのです。ここでは、メタ認知の概念を用いた研究が比較的進んでいる「自律的な学習」（Self-Regulated Learning）に特化して、話を進めていきます。

3-2 自律学習の効果を高めるメタ認知

　私たちが仕事を行う際に必要とされる専門性は、より高いレベルが求められるようになっています。また、DX やグローバル化に代表されるように、働く環境の変化も激しくなっており、自分が将来どの国で、どのような立場で仕事をするかも予測しきれません。

働く個人にとって、学ぶべきことが多様化、複雑化すると同時に、よりスピード感を持って学習する必要性が高まっているといえます。これまで日本企業が行ってきた一律の階層別研修や、比較的時間のかかるOJT（On the Job Training）以外にも、学習が必要となっているのです。そして、何を学習し、どう学習を進めるかは、個人の自律性に委ねられるのです。

　メタ認知が自律的な学習において担う役割は、学習課題の理解や自己理解、学習に活用可能な資源などの学習にまつわる知識（Metacognitive Knowledge）と、実際に学習を行う際のモニタリング（Monitoring）、学習方略の構築や選択（Control）の３つがあるといわれています。生徒や学生を対象とした場合、実はメタ認知には、一般に学習に影響が強いと思われる知的能力以上に、学習結果を高める効果があることが示されていまです。[14]

▶ 学習目標を立てる場面でのメタ認知

　自律学習の必要性は、組織で働く個人にとって重要なこととして認識されつつありますが、働く個人は学習に際して十分にメタ認知を活用しているといえるでしょうか。

　たとえば将来、海外の支店で仕事をしたい、と思う人がいるとします。この人の学習課題の１つは、英語を習得することです。海外の支店での仕事は、具体的に何を行うことでしょうか。複雑な契約交渉をすることでしょうか、海外市場の情報を収集して日本に送ることでしょうか、海外顧客に向けて自社商品をセールスすることでしょうか、定期的に商品の発注を受けることでしょうか。

　いずれにしても一定レベルの英語力は必要ですが、その先にどういった英語の能力がどの程度必要かは、仕事の内容によって異なると考えられます。

　学習内容が現在の職務遂行に直結する場合や、会社から資格を取る

---

14 ─ Zimmerman and Martinez-Pons（1988）.

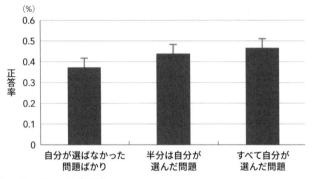

図表3-7　自分で選択した問題を学習した割合の違いによる学習後の成績

出所：Kornell and Metcalfe（2006）.

ことを求められている場合を除くと、働く個人が何をどの程度学習するかを明確に意識する場面は、それほど多くはありません。しかし、学習の際に自分で何を学ぶかを選択することが、学習の効果に有意な影響を及ぼすことがコーネルとメットキャフの研究で示されているのです。[15]

　図表3-7は、自分が学習したい問題を選んでもらった後、自分が選択した問題が異なる割合で出題される条件下で、実際に学習を行った結果の成績を見たものです。自分が選ばなかった問題ばかりを学習した場合は、半分は自分の選択した問題が含まれていた場合や、すべて自分が選択した問題を学習した場合に比べると、成績が統計的に有意に低かったことがわかりました。

　デジタルリスキリングの取組みを全社員に向けてスタートする企業もありますが、仕事に直結しない学びを期待するのであれば、何を学ぶかについては社員の選択に任せたほうがよさそうです。

---

15 －Kornell and Metcalfe（2006）.

▶ 学習計画を立てる場面でのメタ認知

　学習する内容とレベルが特定できれば、次は学習方法の選択や、学習の計画を立てる必要があります。過去の経験から、自分に向いている学習方法を選択することがあるかもしれません。

　英語の学習でいえば、自分は記憶をするのが得意だから、とりあえずキーフレーズを片っ端から覚えてしまおうとか、意味のない単語やフレーズの記憶は無理なので、文脈の中で新たな表現方法を学ぼうとかいったものです。

　ところが、英語の学習については、あまりに数多くの方法が用意されているため、どんな「効果」かを意識することなく、何となく効果があるように思えるものを選んでいることが多いのではないでしょうか。たとえば、仕事の中では話すことよりも書類のやり取りが多いにもかかわらず、会話ができるとカッコいいと思って英会話の学校を選ぶのは、動機づけの点ではよいと思いますが、あまり効率的ではないかもしれません。

　効果を意識することなく学習方法を選んでしまうことに加えて、私たちは将来の自分のパフォーマンス予測を甘く見積もる傾向もあります。英語の学習を3カ月続ければ、自分で気づくくらい力がつくはず、と思う人が意外と多いように思われます。

　もちろん学習方法や、費やす学習時間によって学習の進み具合は異なるのですが、これまでの研究では、人は一般的に、学習の効果を甘く見積もる傾向があることが示されています。しっかりした学習計画を立てることは、見積もりの甘さを軽減する効果も期待できます。

▶ 学習の継続とメタ認知

　学習計画を進める段階になると、「実際にやってみると、思ったほど進まない」「効果が感じられず、何となく途中でやめてしまう」といったこともよくあります。メットキャフとコーネルの研究では、大学生を対象に、新しい言語の習得課題を繰り返し実施し、学習の前後で課題を理解したと思う程度の自己評定と、実際に課題に費やした時

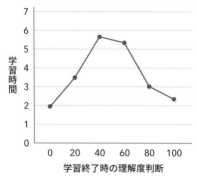

出所：Metcalfe and Kornell (2005).

間の関係性を分析しました。[16]

　図表3-8を見ると、終了した時点で理解できたと思う簡単な課題と、ほとんど理解できなかったと思う難しい課題にはあまり時間をかけていませんが、半分くらいは理解できたと思う、中程度の難しさのレベルの課題に取り組んだときに、最も時間をかけて学習したことが示されています。

　同研究ではまた、前後で学習効果があったと感じられる課題（学習前後での理解できたと思う程度に差があった課題）については、多くの時間を費やしたことがわかりました。これら2つの結果から、自分の学習が進んでいると感じられる場合に、人は学習を継続するといえそうです。

　第2節のダイエットの例のように、できる可能性がほとんどないような難しい課題ではなくて、やってみればできる可能性があるものに取り組むこと、取り組み始めた後は、少しずつでも学びが進んでいることを実感できることが、学習の継続にとって重要であることがわかります。

---

16 ―Metcalfe and Kornell (2005).

3-3 自己評価とメタ認知

　自分の学習が進んでいる感覚を持つことで、学習の継続が促進されるとして、英語の学習でいえば TOEIC の得点のように、はっきりとわかる評価指標がある場合はよいのですが、そうでない場合にはどうすればよいのでしょうか。第1節で説明したように、能力の低い人ほど自己評価が現実以上に高くぶれやすいことがわかっています。

　図表3-9はアールリンガーらが行った研究の結果です。[17] ある大学で、学生に自分の授業の理解度をパーセンタイル得点（クラスの中での自分の成績の相対的なポジション）で推測させた結果を縦軸に、実際にその学生の試験の結果を横軸にとったものです。実際の成績が低い学生の推測は、成績が高い学生の推測と大きく変わらず、結果的に成績が低い人ほど、推測と実際の成績の間に大きなギャップが生じていることがわかります。

　引き続き行われた実験では、正しく予測できた場合に高額のインセンティブが出るようにしましたが、状況はほとんど変わりませんでした。この結果から、成績が低い人が、自分の成績を高く見積もりやすい現象は、自分が劣っていることを認めたくない、あるいは、自分は能力が高いと思いたいとの動機によるものではないことが示されました。

　この実験を行ったアールリンガーらは、成績の低い人は評価を行う際の適切な視点が欠如している可能性、つまり、正しい評価を行うメタ認知が欠如することに起因するのではないかと論じています。

　自律学習におけるメタ認知は、私たちが日常よく行っている「目標を立てる」「計画する」「振り返る」に相当するものですが、それらを効果的に行うための現状評価は、容易ではないようです。やはり学び始めの頃は、自己評価に頼るのではなく、自分の学習をモニタリングする客観的な方法を持つことが重要だということでしょう。

---

17 － Ehrlinger, et al. (2008).

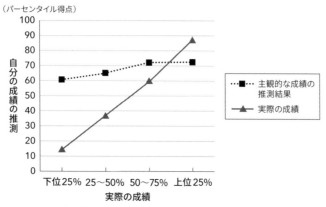

図表3-9　成績の推測と実際の成績の違い

（パーセンタイル得点）

自分の成績の推測

下位25%　25〜50%　50〜75%　上位25%
実際の成績

・・・■・・・主観的な成績の推測結果
ー▲ー実際の成績

出所：Ehrlinger, et al.（2008）をもとに作成。

　日々の仕事の学びにおいては、上記のようなメタ認知の活用が考えられますが、もっと長期のキャリア目標に向けた学びはどうでしょうか。たとえば、家を建てることが目標の場合、設計図を持つことでメタ認知による正しい評価が可能になりますが、キャリア目標には設計図がありません。学びの最終ゴールは何となくしか設定できませんし、そこに至る道筋もよくわかりません。それでも少しずつ形作りながら、自分の頭の中で並行して設計図を作っていくようなものかもしれません。

　ある程度設計図の各部が積み上がってくると、ようやく自分が作ろうとしている家（キャリア）のイメージに、どの程度近づいているかを知ることができます。遠すぎたり、大きすぎたりする目標に一気に向かうのではなく、最終的な家のイメージをときどき意識しながら、小さい単位からスタートして、徐々に部分を積み上げていくプロセスです。そして、ここでも高度なメタ認知が必要になるのです。

3-4 メタ認知を用いた問題行動の改善

　この節で紹介した研究は、主に生徒や学生を対象に、知的課題を扱ったものでした。これに対して、特に禁煙や食生活の改善といった日常生活の問題行動改善を対象とした研究も行われています。そのいくつかは、第2節でも紹介しました。

　将来の理想の姿と、その実現に向けて生じるであろう現実の問題を明確に意識させることで、日常的に習慣化された行動でも、変化を促進できることを示すキャペスらの研究があります。[18] この場合、将来の成功イメージも、それを阻害する現実の問題も、その2つを組み合わせることも、メタ認知になります。

　図表3-10は、彼らが行った実験の結果を示しています。まず実験参加者は、日常的な運動が健康にもたらす効果について短いレクチャーを受けた後、自分が普段の生活の中で運動を行い、うまく健康を維持できると思う程度を予測します。その後、実験参加者は日常的に身体を動かすことで将来得られるであろう望ましい結果を想像します（心理対比条件）。

　続いて実験者から、エレベーターなど、生活が便利になったことが身体を動かす機会を減らしているという阻害要因に関する情報が提供されます。一方、別の実験参加者は、先に阻害要因に関する情報提供があった後に将来の望ましい姿を想像します（逆対比条件）。実験が終了したと告げられた後、階段を使用するか否かを観測し、これを結果変数とします。

　心理対比条件では、運動による健康増進に成功するだろうと思う人ほど、階段を使用したことが示されています。ところが逆対比条件では、健康に自信のある人ほど階段を使わず、エレベーターを使う傾向がありました。

　心理対比条件では、まず将来のゴールがあって、そこに向けて具体

18 ― Kappes, et al. (2012).

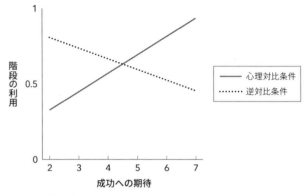

縦軸：階段の利用（0〜1）、横軸：成功への期待（2〜7）

凡例：
— 心理対比条件
⋯⋯ 逆対比条件

出所：Keppes, et al.（2012）.

的に克服すべき障害を考えるため、2つの関連性は強まると考えられます。エレベーターという刺激に直面したときに、自分の望ましい将来を阻害するものとの認識があるため、使用は避けたということでしょう。一方で逆対比条件では、エレベーターを健康増進の阻害要因と捉える傾向が弱く、何となく自分は大丈夫だと思っているからこそ、安易にエレベーターを使用したのかもしれません。

　この実験の面白いところは、目の前の環境を見る際に、それが自分の目標と関連していると思えば影響を受けることを示した点にあります。

　英語学習の例に戻って考えると、もし自分の英語学習の継続を阻害する要因が、英語を使うチャンスがないために学習の意義を感じられず、やる気がなくなることだとすれば、学習の継続のためには仕事以外であっても、英語を使うチャンスを作ることが有効でしょう。それを意識するだけで、海外から顧客が来た際に、一言でも話すチャンスがあるときには、それを有効に活用しようと思うでしょう。

　また、英語を使うチャンスを作るのが億劫になったときは、自分の望ましい将来像をもう一度想像して、英語を使う機会を設けないこと

によって、望ましいゴールの達成が阻害される可能性について考えてみることも、効果があるかもしれません。

　メタ認知という概念の魅力の1つは、これを用いることで自分の思考や行動を、自律的にそして合理的にコントロールできることへの期待にあると思われます。しかし、これまでの議論でおわかりいただけたように、うまくコントロールするためには、ある種のコツが必要なようです。このようなコツを知って使うことは、もう一段高次なメタ認知であるといえるでしょう。

第3節のまとめ

心理学の研究成果

- メタ認知を適切に用いることで、自律的な学習を促進することができる。
- メタ認知を活用することは、学習目標や学習計画の設定と学習の継続のいずれにおいても効果を発揮する。
- 学習目標と目の前の状況を関連づけることで、適切な行動の選択が行われる。

職場への応用ポイント

- 仕事での活用に結びつけた学習目標を設定することが、仕事で効果を発揮する学びには望ましい。
- 学習がうまく進まないと感じる場合は、学習の結果として何を期待するのか、学習において具体的に何を行うのか、学習の進捗を何で測るのか、といったことを一度意識的に考えてみることで、状況が打開できるかもしれない。

第4章 どのように判断や意思決定はなされるのか

　ビジネス環境の変化に適応するために、自律的に行動することや、今までのやり方を変化させることについて考えてきました。ちなみに、働き方の変化の背後にある重要な要因の1つが、テクノロジーの進展でしょう。定型の仕事や既存のやり方に沿って実行する仕事は少なくなり、企画力や創造性、変化への対応力などが、今後、より求められるようになると考えられます。新しい仕事に取り組む際には、さまざまな局面で判断や意思決定が求められるようになるでしょう。

　第4章では、私たちの判断や意思決定の特徴について見ていきます。仮にAIが合理的に偏りのない選択肢を提示してくれたとしても、最後に意思決定をするのは人でしょう。そして、人の判断や意思決定の特徴を理解することは、AIとのつきあい方を考える際にも重要な示唆を与えてくれます。また、この章では人がするべき重要な判断として、道徳的判断についても考えます。

1 直感的な判断はどれくらい正しいのか
──判断における2過程モデル

　最近、判断をしたり、意思決定をしたりしたときのことを思い出してみてください。根拠を聞かれたとき、自分自身で十分に納得のいく説明ができるでしょうか。できるという人もいれば、意外とうまく根拠が説明できないことに気づく人もいるのではないでしょうか。仕事における判断や意思決定は説明責任を伴うことが多いため、おおむね前者になると考えられますが、本当にそうでしょうか。

　筆者は仕事の中でも「その場合はこうしたほうがよい」という直感的な判断を行うことが時々あります。「なぜそうなのですか」と聞かれれば、もちろん、それらしい理由をつけて説明するのですが、本当に説明したとおりの思考の結果として判断したのかと聞かれると、正直怪しいこともあります。

　ここでは判断や意思決定が、どの程度さまざまな要件を考慮しつつ、論理立てて意識的に行われているか、あまり意識せずに直感的に行われる判断とはどのようなものか、それぞれの判断や意思決定方法のメリットとデメリットなどについて考えます。

1-1 意識と無意識

　社会心理学では、私たちの行動が無意識の反応に思った以上に影響を受けていることを、多くの研究によって示されてきました。たとえば、表向きは「性差はなく男女平等であるべき」という態度を表明している人が、実は「女性は男性よりも弱く、助けが必要な存在である」という考えを潜在的に持っているため、心理的負荷の大きい困難な仕事を、無意識のうちに女性社員ではなく男性社員に任せてしまうといったことです。

　無意識研究の第一人者であるバージは、人の日常の心理的反応

の99.4％は無意識下で生じているとの大胆な見積もりを出しています。[1]確かに、朝起きて会社に着くまで何をどう行うかは、いちいち考えて判断することではないでしょう。普段の行動だけでなく、最近の研究では、意識できないような方法で目標の達成のプライミングを行うと課題をより多くこなしたり、結果として良い成績をあげたりすることが示されています。

　プライミングとは、外からの刺激を受けたときに、それが後続する反応に無意識的に影響を及ぼす現象を指します。たとえば、ある言葉（例：台所）を提示した後、一定時間後に自由連想テスト（例：料理から何を連想するか）を行うと、前に提示された言葉（例：台所）が連想語として出現しやすくなりますが、なぜこうなるのかを私たちは意識しているわけではありません。

　研究手法としてのプライミングについては、近年は批判もあるようですが、私たちが多くの行動をあまり意識することなく行っていることや、意識することなく環境からの影響を受けていること自体は、間違っていないと思われます。

1-2 判断や意思決定における意識と無意識

　判断や意思決定は、一般的な行動よりも、自覚的に、よく考えて行っている活動であるとの認識が一般的です。ところが、この認識を覆すような研究が報告されています。

　図表4-1は、ダイクスターハウスらの行った実験の結果です。[2]実験参加者は、4つの観点で車の特徴を提示される条件と、12の観点で特徴を提示される条件にランダムに分けられ、特徴が記述された4台の車の中から好ましい車を選ぶ課題を行います。

　熟慮して選択する群（意識的な選択群）では、車に関する記述を読

---

1 ―Bargh (1997).
2 ―Dijksterhuis, et al. (2006).

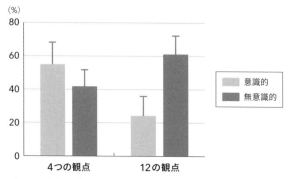

図表4-1　最も好ましい車を選択した人の割合

出所：Dijksterhuis, et al.（2006）.

んだ後、4分間考えてから判断を行います。熟慮せずに選択をする群
（無意識的な選択群）では、車に関する記述を読んだ後、4分間、車と
はまったく関係ない課題を行った後に、車の選択を求められます。

　このグラフでは、4台の中で一般的に好ましいとされる特徴が最も
多く備わった車を選択した割合を示しています。提示される特徴の
観点が4つのときには、意識的な選択群のほうが優れていたものの、
提示される観点が12個になった場合、無意識的な選択群のほうが、
より妥当な選択を行っていたことがわかります。

　この結果が得られた理由として、車について考えていない状態でも
思考は生じており、なおかつ無意識的な思考は、意識的に行う思考の
ように扱える情報の数の制限を受けないのではないかと論じられて
います。つまり、12個もの特徴をもとにして妥当な判断を行うのは、
意識的な思考では難しいものの、無意識的な思考であれば可能である
というのです。

　この研究以降も、やはり複雑な判断や意思決定は意識的に行うほう
がよいという反論や、それを支持する研究も多く出されており、どち
らのほうが優れた判断や意思決定をもたらすかについては、議論が続
いています。

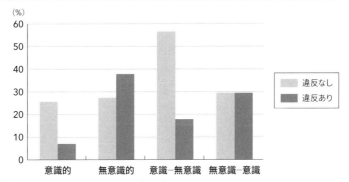

図表4-2　最も好ましいアパートを選択した人の割合

(%)

凡例：
違反なし
違反あり

横軸：意識的　無意識的　意識－無意識　無意識－意識

出所：Nordgren, Bos, and Oijksterhuis（2011）.

　また、「無意識的な思考」とはいったい何かについても、十分なコンセンサスが得られているわけではありません。ただし、これまでの無意識に関するさまざまな研究結果から見ると、意識的な思考のプロセスだけでなく、無意識に行っている情報処理プロセスがあり、それが判断や意思決定に影響を及ぼすことがあるといえます。

　ノードグレンらは車ではなく、アパートの特徴を提示し、一般的に好ましいとされる特徴を多く持つアパートを選択する割合について調べました。[3] その際、選択対象のアパートに規則違反があるものを加えます。最初に2分間考えてから、関連しない課題を2分間行う条件（意識－無意識条件）、逆に最初に2分間関連しない課題を行ってから、2分間考える条件（無意識－意識条件）を設けました。

　結果は、図表4-2のとおりで、好ましい特徴が多く、規則違反をしていない最も条件の良いアパートを選んだのは、意識－無意識条件でした。その理由としてノードグレンらは、意識的な思考段階で、規則違反でふさわしくないものを排除した後、無意識に好ましい特徴を最も多く有するものを選んだのだと説明しています。この説明の妥当性

3 ─Nordgren, Bos, and Oijksterhuis（2011）.

はともかく、無意識の思考がアパートの選択に影響を及ぼしたといえそうです。

　仕事において、正しい判断や意思決定を行うことはとても重要です。そこで、これまでの研究で示唆されていることを参考に、「経験に基づいて行われる直感的判断の功罪」と「意識的な思考の特徴と利点」についてそれぞれ考えてみましょう。

1-3　2過程モデル

　これまでの研究で、人の認知には直感的で自動的に生じるプロセスと、時間をかけて情報を吟味しつつ行うプロセスがあることがわかっています。対人認知、問題解決、判断や意思決定など、領域によってそれぞれのプロセスが持つ特徴には若干の違いがあるようですが、おおむね上記のような特徴を持つ2つのプロセスがあるとされています。これらは「2過程モデル」と呼ばれています。

　判断や意思決定における2過程モデルについて論じたエバンスとスタノヴィッチの論文では、まず直感的な判断がなされ、その後、必要に応じて慎重に情報を吟味して、最初の直感的な判断を修正する、といった流れを想定しています。[4]

　直感的な判断に頼るのではなく、慎重な情報の吟味によって判断や意思決定を行おうとするのはどういった場合でしょうか。自分の直感的な判断に自信があるかどうかによって、情報を十分に吟味して慎重な判断を行う程度が異なることを、実証的に示したトンプソンらの実験があります。[5]

　この実験では、さまざまな論理問題を用いて、問題提示直後の回答とそのときの回答への自信の度合いを測定し、その後に自分のペースで考え、必要に応じて回答を変えることを認めました。その結果、最

---

4 —Evans and Stanovich (2013).
5 —Thompson, et al. (2011).

初の回答への自信の程度と、再度考える時間の長さ、また、回答を変える程度の間に、負の関連性が認められました。つまり、最初の回答に自信のなかった人ほど、長く時間をとって考え、最初の回答を変更する傾向があったのです。

1-4 意識的な思考の特徴と利点

　この節では、無意識の状態で複数の情報から良いものを選択する課題の成績が向上した研究を示しましたが、一定のルールを適用して問題を解くことが求められるような課題では、意識することなしには、パフォーマンスが高まらないことが示されています。

　たとえば、意識的なプロセスが阻害されるような課題を参加者に同時並行して行わせると、論理クイズ（例：「AならばBである」「BでないならばCである」。それでは、AならばCではないは正しいか？）のパフォーマンスが著しく低下することが示されています。

　意識的な思考では、仮定を置いて考えたり、物事がどのように生じるかを頭の中でシミュレーションしたり、場合分けをしたり、その結果としての判断を下したりといった、他の動物には見られない人間ならではの特徴が見られます。直接観察できる状況をいったん離れて、他者の思考を想像したり、過去、現在、未来といった時間軸を動きながら何かを思考することなども、意識的な思考でないと行えないことです。第3章ではメタ認知に触れましたが、まさにメタ認知は意識的な思考です。

　一方で、意識的な思考が常に合理的かというとそうでもないことは1-2項でも触れました。直感との比較ではなく、意識的な思考そのものを扱って、どのように合理的ではない判断がなされるのかを示したジーレンバーグとビアッティの研究があります（図表4-3）。

　実験参加者は、伯父から残された1000ポンドの遺産を、5年間の政府の債券（1000〜1800ポンドのリターン）に投資するか、利率の良い5年の定期預金（1250〜1350ポンドのリターン）に預けるかの決断

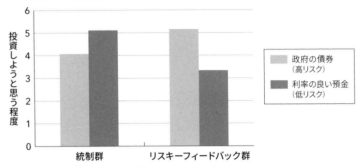

出所：Zeelenberg and Beattie（1997）.

を求められます。[6]

　債券への投資のフィードバックがある群（リスキーフィードバック群）は、「あなたには同じ額の遺産を残された妹がいて、彼女は債券への投資を選択しており、あなたはどちらを選択しても、債券の投資結果を知ることができる」と告げられます。

　比較対象となる統制群には、妹がいる設定はなく、自分が投資しなければ、よりリスクの高い債券への投資結果を知ることはできません。

　実験の結果からは、リスキーフィードバック群のほうがリスクの高い債券への投資を選択する確率が高いことがわかります。その理由として、ジーレンバーグらがこの研究の前に行った別の研究結果も合わせて、5年後に自分が感じるであろう後悔を避けようとしたため、との説明がなされています。意思決定や判断の際に、何を想像するかによって、まったく同じ選択肢であっても判断が異なってくるのです。

　この研究では、実験参加者が後悔したくないから、リスクのあるほうを選択したという自覚があったかどうかはわかりません。自覚したかどうかにかかわらず、5年後の後悔は、選択における少なくとも合

6 －Zeelenberg and Beattie（1997）.

理的な理由とはいえないでしょう。

　このような判断の誤りを防ぐ良い方法の1つは、判断をする経験を積むこと、判断に関係する知識を身につけることがあります。投資の判断に慣れている人であれば、5年後に自分が感じるであろう後悔は、あまり判断に影響しないのではないでしょうか。

　判断の経験がそれほどない人であっても、自分の判断について人に話をすることは、良い方法です。たとえ無意識の判断であっても、人に話をする際には意識的に説明を行う必要が出てきます。自分では気づかなかった視点が、判断に影響を及ぼしていたことに気づくことが期待できます。たとえば投資判断の実験では、高リスクの債券を選択した人にその理由を尋ねることで、初めて後悔したくない気持ちが思いのほか判断に影響したことに気づく人がいるかもしれません。

　次に、経験を積むことの効果について考えてみましょう。

1-5　経験に基づいて行われる判断の功罪

　情報を意識的に吟味して判断するプロセスは、時間や心の余裕が必要であるため、これらがない状況下では、直感的判断に頼らざるをえないことも多いものです。救急医療の現場や消防士などは、生死にかかわる重要な判断を求められたとしても、ゆっくりと情報を吟味する時間はありません。そこで、彼らは数多くの経験を通して身につけた、非常に専門性の高い直感的な判断力を使うと考えられます。

　上記に挙げたような職業でなくても、専門性の高さは判断の質を上げるのに役立ちます。私たちが一時に適切に扱える情報量には、制限があります。しかし、仕事の経験を積むことで、細かな情報を抽象化してまとめて扱えるようになり、その結果、より幅広い情報を同時に扱うことが可能になるのです。経験を積んだ仕事だと、慣れない人が気づかないようなことや、見落としがちなことに気づくことができるようになるのです。

　経験に基づく専門性は、意識的な判断の質も上げることから、さま

診断結果に対する自己評価と結果の妥当性に
ずれが生じたケースの分析

(%)

	自信がないのに 診断が合っていた割合	自信があるのに 診断が間違っていた割合
医学生	75.0	25.0
研修医	59.0	41.0
勤務医	64.3	35.7
全体	64.7	35.3

出所：Friedman, et al.（2005）.

ざまな職業に従事する人にとって効果的です。しかし、落とし穴もあ
ります。特に前提となる条件が変わったときや、経験したことのない
状況に直面した際には、それまでと異なる判断を求められる可能性が
あるのですが、自分の判断を疑うことがないと、そのまま間違った判
断をしてしまうといったことが起こりうるのです。

　フリードマンらが行った研究では、医学生、研修医、勤務医の各
72名が参加して、さまざまなケースについて診断を行う課題を行い
ました。正しい診断を行う程度は、医学生、研修医、勤務医へと経験
を積むほど高くなりました。[7]

　また診断の際に、自分の診断への自信の有無を尋ねていたのです
が、自信と診断の正しさに齟齬があったもののうち、自信がなかった
が診断が合っていた割合と、自信があるのに診断が間違っていた割合
を示したのが図表4-4です。自信があったのにもかかわらず診断が
間違っているケースが一定の割合で存在することがわかります。ま
た、そのような傾向は、医学生よりも経験を積んだ研修医に多く見ら
れるという結果になりました。

　経験を積むと、素早く正しい判断ができるようになります。その結
果、2過程モデルの説明で触れたように、自分の判断に自信が持てる
ようになって、直感に頼りがちになります。直感的な判断には、判断

---

7 ―Friedman, et al.（2005）.

のどの点が良くてどの点が悪かったのかといった細かいフィードバックがかかりにくいという欠点があります。

加えて、私たちは直感を支持する証拠や情報に、より注目する傾向があることもわかっています。放っておくと自分の判断を過信することは、誰にでも起こりうることだといえます。

判断の正しさを維持するためには、自分の判断の確からしさを振り返る機会を持つこと、そして、この程度の判断であれば当然誤りはないという判断についても、その理由を考えたりするような機会を持つことが重要になります。

次節では、道徳的判断について考えましょう。道徳的判断は、人がすべき判断として重要であるということに加えて、企業の社会的役割に注目が集まっており、働く人の倫理意識の高さが求められるようになっています。道徳的判断や倫理的判断は、この節で見てきたような判断と何が一緒で、何が異なっているのでしょうか。

第**1**節のまとめ

心理学の研究成果

- 意識的に判断をする場合と、直感的な判断では異なる結論が導かれることがある。
- 意識的に考えて判断をすることは認知的コストを伴うため、多くの情報を一度に処理することが難しい。
- 意識的に考えて行う判断であっても、意識しない要素が判断に影響する可能性がある。

職場への応用ポイント

- 直感的な判断と考慮した判断が異なる場合、単に後者を採用するのではなく、なぜ判断がずれたのかを考えることが役立つ。
- 判断にあまり問題がないように見える場合でも、時折その妥当性を振り返る機会やフィードバックを設けるとよい。
- 重要な判断を行う場合は、他者の意見を参考にすることはもちろん、自分の考えを人に説明する場を活用することが効果的である。

2 どのようにして道徳的な判断を行うのか
——道徳心の研究

　道徳的判断に関する問題が、よくニュースで取り上げられています。たとえば、1人の人質の命を助けるために、国や企業が身代金を誘拐犯に渡すことは、正しいことでしょうか。

　身代金を渡してしまうと、その国や企業に所属する人は、今後も同じような誘拐犯のターゲットになる危険にさらされるかもしれません。また、暴力によって欲しいものを手に入れる行為を許すことは、社会に対して好ましくないメッセージを発することにならないのかという問題も出てくるでしょう。

　さまざまな社会科学の分野では、このような難しい判断についての研究が進められてきました。そして、心理学においても倫理観や道徳的判断に関する研究が行われてきました。上記のような人命にかかわる問題だけでなく、ここでは、私たちが企業組織の中で接する倫理的な判断について考えます。

2-1 道徳的な判断は直感と理性からなる

　心理学において初期に道徳が扱われるようになったのは、道徳心の発達に関するもので、コールバーグが唱えた道徳性発達理論が有名です。同理論では、道徳的判断は理性的なものであるべきで、模範となる道徳的判断のやり方があって、そこに向かって私たちは発達するのだとされてきました。

　近年になって、心理学者は道徳的判断における直感や感情といったものにも着目するようになりました。そして現在では、道徳的判断には感情的・直感的な側面と、理性的・熟慮的な側面があることが、脳画像を用いた研究などでも示されるようになっています。道徳的判断において、これらの2つの側面があることは、どのような意味を持

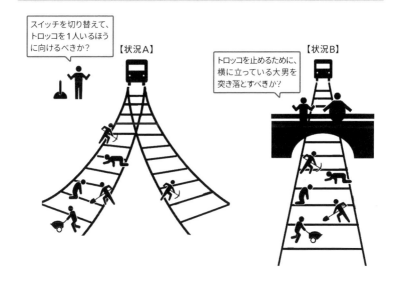

図表4-5　トロッコ問題

つのでしょうか。

　道徳心の研究において、よくトロッコ問題が用いられます。図表4-5に示す状況で、1人の命を犠牲にして、5人の命を救う選択を行うかどうかのあなたの判断を問うものです。状況Aと状況Bで、あなたの判断は変わるでしょうか。

　状況Aでは1人の命を犠牲にする選択を多くの人がするのですが、状況Bでは逆の結果となり、1人（橋の上に立つ大男）の命を犠牲にしないという選択をすることがわかっています。どちらの状況も、5人の命を救うために1人の命を犠牲にするかが問われている点で、問題の構造は同じです。なぜAとBの状況で、判断に違いが生じたのでしょうか。

　さまざまな研究から状況Aでは、合理的、功利主義的な判断（1人の命を犠牲にする）をするのに対して、状況Bでは感情的な判断（1人の命を犠牲にしない）をする傾向があることがわかってきました。

　道徳研究の第一人者であるハーバード大学のグリーンらによれば、

状況 B には私たちの感情を動かす要素が含まれるというのです。5人の命を救うためとはいえ、自分の手で1人を死に至らしめるという行動には、スイッチを切り替えることよりも感情的な忌避感が強いのでしょう。[8]

2-2 感情と反する合理的な判断は可能か

トロッコ問題のような人命にかかわる道徳的判断とは性質が異なりますが、企業組織においても、道徳的に（というよりも、倫理的といったほうがよいかもしれませんが）正しい判断が求められる場面はたくさんあります。

たとえば、企業はその存続が危うくなったときに、リストラに踏み切ることがあります。この判断は、社員の雇用を守ることが重要であると考える人事責任者にとって、とても難しいものだと思われます。

多くの社員の雇用を守るための一部の人員の削減は、合理的判断としてはありうるのでしょうが、感情的には痛みを伴うものかもしれません。グリーンらの研究にあったように身体的な害を及ぼすものではありませんが、リストラされる社員の心情を想像すれば、感情が動くのではないでしょうか。

グリーンらは、上記のトロッコ問題のそれぞれの状況において、実験の参加者が、「犠牲になる1人」について、「助けられる5人」と比べて、どの程度目の前にあることのように鮮明にイメージできるかを評定しました。

7段階評価で、真ん中の4は「1人」と「5人」のどちらのイメージも同様で、それから評定値が小さくなるほど「1人」のイメージのほうがより鮮明に感じられたことを意味します。結果は図表4-6のとおり、状況Bでは「5人」よりも「1人」のほうが、より鮮明なイメージが持てたという結果でしたが、状況Aではそのような違いは

---

8 ―Amit and Greene（2012）.

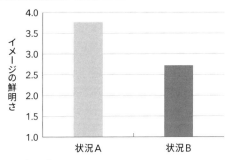

出所：Amit and Greene（2012）.

見られませんでした。さらに、「1人」についてより鮮明なイメージを持った人ほど、「1人」を犠牲にして「5人」の命を救う選択をしない傾向があったことも報告されました。

　人に害を及ぼす可能性がある状況の判断の際に、被害を受ける人の状況を想像しやすいほうが同情的な判断を行う傾向があるということには、納得感があります。また、多くの場合、その判断は、人を傷つけないという重要なモラルをベースとしている点で正しいことに思えます。ただし、上記の会社のリストラの例のように、それでも感情に反する選択肢を検討する必要が生じたときに、私たちは合理的な判断を行うことができるのでしょうか。

　状況Bのような場合でも、一般に分析的な考え方をする傾向の強い人ほど、1人の命を犠牲にするいわゆる合理的な判断を行う傾向があることもわかっています。また、認知テストに回答することで合理的思考を用いた後には、合理的判断が増加することなども同研究で示されています。つまり、その気になれば感情的判断のみに流されることはなくなるともいえるでしょう。

　ただし、これは合理的な判断が正しいことを意味しません。残念ながら、心理学は人の道徳的判断が行われるプロセスやそこに影響する要因に注目するものであって、どうすべきかの回答を与えるものでは

ないのです。

2-3 ビジネスにおける非倫理的行動は、
どのように生じるのか

　ビジネスにおける倫理的判断はどうでしょうか。上記のような道徳心の研究とは別に、ビジネス倫理に関する研究も多く行われています。その中では、たとえ妥当な倫理的気づきがあったとしても、合理的正当化や周囲からの影響によって、「非倫理的行動」に至るプロセスについて研究が行われています。

　ホワイトカラーを対象とした調査の結果、非倫理的な行動を正当化する程度が強い人ほど、その行動を起こす傾向があることがバースキーによる研究で示されました。[9] さらに、その傾向は本人が仕事での目標設定に関与する程度が高い場合、抑制されることがわかりました（図表4-7）。

　その理由として、目標設定に関与する場合は、仕事を進めるうえでのさまざまな可能性を考慮することで結果志向のトンネルビジョンを防げる可能性や、自分の中にあるモラルの基準が活性化する可能性などが挙げられています。たとえ非倫理的な行動を正当化したとしても、自分の意思や責任において仕事を行っていると思うと、そういった行動には及びにくいという結果になりました。

　この研究で扱われた非倫理的な行動とは、自分や自社にとって都合の悪い情報の隠蔽や、情報の改竄などです。このような場合、正しくない行動かもしれないという気づきは直感的なもので、それを正当化したり、言い訳をしたりする場合に、理性的な視点が入ってきます。

　道徳心やポジティブ心理学の研究で著名なハイトは、道徳的判断においても「直感的な判断が先にあって、合理的判断は後の理由づけにすぎない」という論を展開しています。[10]

---

9 —Barsky (2011).
10 —Haidt (2001).

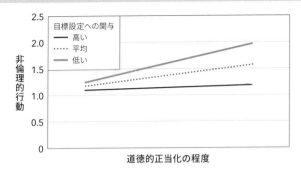

出所：Barsky（2011）.

　道徳的、あるいは倫理的な判断をする際には、感情的な善悪の判断が生じやすいのですが、トロッコ問題のように感情的判断の反対に合理的判断が働く場合と、組織における非倫理的行動のように、感情的な判断を後押しするように働く場合がありそうです。

2-4　非倫理的行動を抑えるために、組織に何ができるか

　ここまでは、個人の道徳的判断に着目して話を進めてきましたが、社員や管理職の仕事における倫理的判断では、組織ができることも大きいと考えられます。道徳心の研究でも、時代とともにモラル判断の基準が異なること（たとえば、性差別というモラルの出現）などを例に挙げて、環境の影響の重要性を強調する研究者もいます。

　企業は社会的責任を果たすために、社員教育やルールづくりなど、さまざまな努力をしています。このような努力を成功に導くためには、環境がどのように個人の倫理的判断や行動に影響を及ぼすのかを正しく把握することが重要になります。

　たとえば、営業担当者を対象としたバレンタインとベイトマンの調査研究で、営業に携わる者として倫理に反する行動（顧客に贈り物をする）を他の営業担当がとると思うほど、また、営業担当者間での競

争が激しいほど、倫理に反する行動をとる意図が高まったことが報告されています。[11]

　また、アキノらは状況が個人の倫理的判断に及ぼす影響を調べるため、次のような実験を行いました。[12] 実験参加者は組織の代表として、中途入社希望者と報酬に関する交渉を任されます。実験参加者は入社希望者には知らされていない、そのことが入社希望者の交渉を不利にするような事実をいくつか知っています。

　実験では、なるべく低い報酬で参加者が入社希望者の同意を得られれば、実験参加の謝礼として結構な額のお金を受け取る場合（成果謝礼条件）と、謝礼として高額のお金を受け取るチャンスをランダムに与えられる場合（ランダム謝礼条件）のいずれかで行われます。

　交渉時には実験参加者のみが知る入社希望者にとって不利な事実について、「嘘をつく」「隠す」「答えない」「真実を話す」の４種類の行動をカウントします。実験前の質問紙調査によって、実験参加者をモラル意識の高い人（高モラルアイデンティティ群）とモラル意識の低い人（低モラルアイデンティティ群）に分けて分析した結果を示したものが、図表4-8です。

　高モラルアイデンティティ群においてのみ、ランダム謝礼条件に比べて成果謝礼条件で、嘘をつく人の割合が大きいことがわかりました。低モラルアイデンティティ群では、謝礼条件の違いにかかわらず、嘘をつく人の割合は３割程度でした。

　一見すると意外な結果に見えますが、アキノらは、高いモラルアイデンティティを持っている人は、通常（ランダム謝礼条件）は嘘をつかないが、自己利益が顕在化する状況下（成果謝礼条件）では、モラルアイデンティティが弱まるため、倫理的行動がとりづらくなったのだと説明しています。

　一方、低いモラルアイデンティティの人は、嘘をつくかどうかはモ

---

11 ─Valentine and Bateman (2011).
12 ─Aquino, et al. (2009).

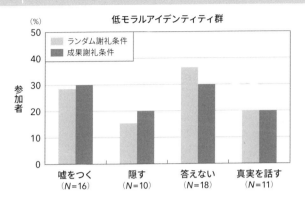

低モラルアイデンティティ群

- ランダム謝礼条件
- 成果謝礼条件

参加者（%）

| 嘘をつく (N=16) | 隠す (N=10) | 答えない (N=18) | 真実を話す (N=11) |

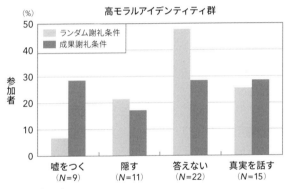

高モラルアイデンティティ群

- ランダム謝礼条件
- 成果謝礼条件

参加者（%）

| 嘘をつく (N=9) | 隠す (N=11) | 答えない (N=22) | 真実を話す (N=15) |

出所：Aquino, et al.（2009）.

ラルと関係なく決定するため、謝礼の条件によっては影響を受けなかったと述べています。ひょっとすると、高いモラルアイデンティティを持つ人は、普段は嘘をつかないが、成果による謝礼があるから仕方がない、といった具合に嘘を正当化していたのかもしれません。

　この研究は、社員1人1人の倫理意識を高めることは重要であるものの、限界があることを示しています。職場で非倫理的行動が生じているときには、それを構造的に引き起こすような環境がないかを考えてみる必要があるでしょう。たとえば、自己や会社の利益を促進する

ことが倫理的判断に優先されるという風土がある限り、非倫理的行動を抑えることは難しいといえるかもしれません。

　道徳や倫理にかかわる案件は重要な問題であるがゆえに、感情が判断に影響する可能性が高まること、理性的判断は正しく使われればよいが、お金や自己利益と他者に及ぼす害をドライに天秤にかけてしまう危うさも持ち合わせています。一般的な判断と同様に、直感的な判断と理性的な判断は、異なる特徴を持っているようです。

　私たちは直感や感情の声に耳を傾けつつも、理性的にその判断を考えることが必要であり、そのような機会は、社会の価値が多様化する中で、今後ますます増えるでしょう。

　判断に感情が伴う場合、不快な感情が多いように思います。判断のみならず、このような不快な感情は、間違いなく仕事上のストレスになります。次章では、働く個人がストレスにうまく対処するためのヒントをさまざまな研究を通して見ていきます。

第2節のまとめ

心理学の研究成果

- 道徳的判断には感情的・直感的な側面と、理性的・熟慮的な側面がある。
- 判断の結果、不利な影響を受ける人を具体的な個人としてイメージできるほど、感情的判断になりやすい。
- 理性的な思考は、非倫理的行動を正当化することがある。
- 高いモラルを持つ人でも、環境の影響で非倫理的行動をすることがある。

職場への応用ポイント

- 非倫理的行動の正当化を促進するような環境（組織風土や組織内評価、目標設定の仕方など）を変える。
- 目標設定場面などを通じて、自分の仕事への主体性と責任感を持たせる。
- 倫理的な意思決定において、理性的思考をするトレーニング機会を設ける。

第**5**章 難しい場面を
どう乗り越えるか

　職場で受けるストレスが問題視されるようになっています。その間、組織はさまざまな方法で組織メンバーが感じるストレスを軽減する対策や、ストレスに対処するための支援などに努めてきました。

　こうした対策の効果は出ていますが、メンタルヘルス不全になる人は一定の割合で出ています。第5章では、私たちがストレスやプレッシャーのかかる難しい場面をどのように乗り越えているのかに着目します。

　仕事が思ったように進まずに自分を責めたり、ここぞというときに失敗をして落ち込んだりすることは、程度の差こそあれ、誰でも経験することです。最初に私たちは、なぜここぞというときに力を発揮できなくなるのかについても、この章で見ていきます。

　また、仕事をしていると、理不尽な目に遭ったり、自分ではどうにもならないことに巻き込まれたりします。この章の後半では、環境からのプレッシャーや突然の不幸な出来事などで窮地に追い込まれたとき、働く人たちはどのようにそれに対処しているのかについて考えていきます。

1 大事なときに力を発揮するのは難しい
——客体的自覚理論

　どんなに実力がある人でも、本番に向けて十分な準備をしている人でも、うまくいかないことはあります。

　これが顕著にわかるのがスポーツです。オリンピックでは、メダルへの大きな期待をかけてテレビの前で観戦しながら、本番で力を発揮することの難しさを痛感する人も多いでしょう。

　私たちが直面する結果へのプレッシャーは、オリンピック選手の感じるそれとは比べものにならないかもしれません。それでも、「緊張した」「硬くなった」「プレッシャーに押しつぶされそうになった」などの経験は、誰にでもあるのではないでしょうか。本番で良い結果を出そうと思うときの心理的な状態について、考えてみましょう。

1-1 自分に意識を向ける

　大切なときや、本番や成功のプレッシャーがかかるときには、多くの場合、私たちは自分を強く意識すると考えられています。つまり、ある種の自意識過剰の状態になっているといえます。このような状態の心理的特徴を扱った理論にデュバルとウィックランドによる「客体的自覚理論」（Objective Self-Awareness Theory）があります。[1]

　この理論では、人が自分を対象として意識することで、どのような心理的影響が生じるかについて述べています。具体的には、人は自分を客観的に知覚すると、自分の望む姿とのギャップに気づかされ、その結果、怒りや失望、悲しみなどのネガティブな感情が喚起されるとしています。そして、その状態を回避しようとしたり、ギャップを埋めようとしたりすると考えられています。

---

1 ーDuval and Wicklund（1972）.

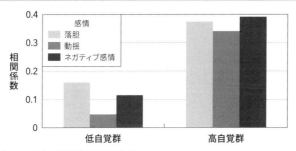

出所：Phillips and Silvia（2005）をもとに作成。

　この理論をベースとして、ネガティブな自己知覚からの逃避手段としてのアルコール依存や、ネガティブな感情が喚起された結果としての抑うつや不安感などが研究されてきました。もちろん現実と理想にギャップがなく、ポジティブな感情（例：満足、プライド）を感じることもあるでしょうが、多くの研究はネガティブな側面を扱ってきました。

　どのようなときに、私たちは自分自身を強く意識するのでしょうか。たとえば、大きな鏡に映っている自分の姿を見たときや、大勢の人から注目されているのを感じるときなどに、自分自身への意識が高まるといわれています。

　ちなみに、リモートワークの広がりの中でオンライン会議を行うことが増えました。慣れた人もいるかもしれませんが、カメラをつけて会議に参加するとき、自分の顔が画面に見えることに戸惑った人も多いのではないでしょうか（筆者はそうでした）。これも自分を意識する場面の一例です。

　図表5-1は、客体的自覚理論をベースとしたフィリップスとシルビアによる研究結果の一部です。[2] 実験参加者は、大きな鏡がある状況（高自覚群）とそうでない状況（低自覚群）に分けられ、自分の理想や

---

2 ―Phillips and Silvia（2005）.

あるべき姿と、現在の自分についての評定を行った後、そのとき感じた感情についての評定を行いました。

その結果、高自覚群では現在の自分の理想やあるべき自分とのギャップが大きいほど、ネガティブな感情を覚える傾向があったのに対して、低自覚群ではそのような結果は見られませんでした。理想の自分と現実の自分とのギャップは、強い自覚を持つことで初めてネガティブなインパクトを持ったのです。

1-2 プレッシャーが自動化された
動作や行動に与える影響

運動や競技の場合、自己を意識すると、理想やあるべき姿に対して自分が十分でないことが気になって、うまくやろう、失敗しないようにしようとします。その結果、十分に訓練されていて、普段は意識せずに自然に行えるはずの動作や身体的な活動に意識を向けてしまい、かえってパフォーマンスが低下すると考えられます。

先ほどオリンピックを例にして述べましたが、十分なトレーニングを積んだ運動選手のパフォーマンスへの影響は、これによく当てはまります。

たとえば、ゴルフの達人はパットを打つ際、いちいち自分の動作手順を意識するわけではありません。数多くの練習の中で、言語化するのが難しいような微妙な力の加減やコントロールを身につけています。ところが、緊張したり、ここぞというときになると、自分自身への注目が高まってしまい、動作の1つ1つを意識するようになり、かえってうまく打てなくなってしまうのです。

ベイロックらはサッカーの経験者と初心者を対象にして、上記のようなメカニズムを研究しました。[3] 結果は図表5-2のとおりです。一定区間でドリブルを行う時間を計測したところ、もちろん、全体的に経験者のほうが速かったのですが、2つの実験条件の下で、経験者と

---

3 ─Beilock, et al. (2002).

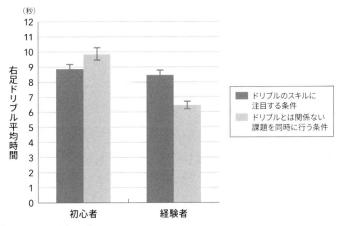

図表5-2　２つの条件下でのサッカー初心者と経験者のドリブル時間の違い

出所：Beilock, et al.（2002）.

初心者では異なる反応が見られました。

　１つは、自分のドリブルのスキルに注目する条件で、ドリブル中に
トーンが聞こえたら、その際に足の外側と内側のどちらでボールに
触っているかを言うように求められます。もう１つは、ドリブルとは
まったく関係のない別の課題をドリブル中に行う条件で、ドリブル中
に不定期に聞こえるさまざまな単語の中で特定の単語を聞いたとき
に、その単語を声に出して言うように求められます。

　サッカー経験者の場合、ドリブルは通常、意識せずに行えるため、
ドリブルのスキルに注目する条件下では成績が悪くなっていることが
わかります。ところが、ドリブルとは関係のない課題を同時に行う場
合には、ドリブルのパフォーマンス低下は起こりませんでした。サッ
カー初心者の場合には、いずれの条件でもドリブルを意識して行う必
要があるため、パフォーマンスに違いは見られませんでした。

1-3 プレッシャーが知的課題の遂行に及ぼす影響

　上記のような現象は、動作が自動化されていることによるものですが、そうでない場合はどうでしょうか。たとえば、数学のテストに臨む場合を考えてください。ひょっとすると、ビジネスの場面には、こちらのケースのほうが当てはまるかもしれません。

　問題を解くためには、解き方を考え、それを意識して実行することが大切になってきます。しかも、うまくいかない場合には、解き方を見直して新しい方法を考えなくてはなりません。先ほどのゴルフのパットの例と異なるのは明らかで、自分自身が行っていることに十分注意を向けることが必要になります。

　このような状況でプレッシャーがかかると、「テスト不安」が生じるといわれています。「うまくできなかったらどうしよう」というものですが、問題の解答に向けるべき注意をそらしてしまうことがわかっています。そして、注意の逸脱は、思考を十分に働かせることが必要な課題の遂行レベルを低下させてしまうのです。

　ベイロックらは数学の問題を用いて、十分に練習された問題を解く場合（繰り返し練習した問題）と、同じ解き方を適用できるものの新たな問題を解く場合（初めての問題）の正答率の違いを検討しました。[4]

　その結果は図表5-3に示されています。繰り返し練習した問題では、プレッシャーの影響は出ていませんが、初めての問題では、プレッシャーのかかる状況下では、正答率が低くなっています。問題の難しさはどちらも同程度なのですが、繰り返し練習した問題では解答がほぼ自動化されているためにあまり考える必要がなく、プレッシャーの影響は出ないと考えられます。

　一方、初めての問題では、その場で解き方を考えて試してみるという認知的な負荷のかかる活動を行うため、プレッシャーの影響が出たと考えられます。どのようにプレッシャーの影響が生じるかは、その

---

4 ―Beilock, et al. (2004).

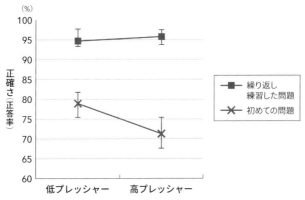

図表5-3　繰り返し練習した問題と初めての問題における正答率の比較

(%)

正確さ(正答率)

- 繰り返し練習した問題
- 初めての問題

低プレッシャー　　高プレッシャー

出所：Beilock, et al.（2004）をもとに作成。

遂行が自動化されているか、あるいは、遂行に十分な注意を向ける必要があるかによって決定されると考えられます。

　ここで、先に紹介したドリブルの実験との違いを考えます。ドリブルの実験では自動化されていた行動に自分を意識することで注意が向いて、うまくいかなくなりました。数学の問題を用いた研究では、プレッシャーがかかる状況では、自動化された行動は影響を受けませんでした。そもそも、自動化された行動には注意を向ける必要がありません。そう考えると、ドリブルの例は特殊だといえるかもしれません。また、レベルの高いスポーツ選手の場合、高い成果を求めるプレッシャーには強く、自分がうまくやらなければ、という気負いには弱いのかもしれません。

　ベイロックらは、プレッシャーがここぞというときのパフォーマンスに及ぼす影響は、客観的な自覚状態、あるいは、自分の評価がかかっている場合と、重要な成果がかかっている場合で異なると論じています。

　前者の場合、仕事で大切なプレゼンテーションを行う際に、自分の評価への影響をプレゼン直前に強く意識すると、相手の反応が気に

なってうまくいかないことが考えられます。

　後者の場合は、何度も練習を行って本番に臨んだ結果、成功へのプレッシャーは感じますが、決まった内容を話すときはうまく進みます。ところが、思いがけない質問に焦ってしまうと、その後のプレゼンがうまく進まないことが考えられます。

1-4　自覚の効用

　この節の冒頭で客体的自覚理論について述べましたが、自覚には主体的自覚もあるといわれています。主体的自覚とは、認識の対象として自分自身に注意を向けるのではなく、主体として自分が経験していることに注意を向けることだとされています。

　自分の経験を楽しんでいるとき、その経験から来る感情や思考を十分に「味わっている」ときは、主体的自覚の状態にあります。フロー状態にあるときや、何かに熱中していて他のことに気がつかないようなときには、かなり強い主体的自覚状態にあると考えられます。十分な注意を必要とする課題を遂行する場合には、主体的自覚が強まった状態のほうが望ましいといえます。

　最近では「マインドフルネス」という、主体的自覚と類似する概念が研究されています。マインドフルネスとは、自分が現在経験していることに強く注目し、十分に認識している状態であるとされており、これも強い主体的自覚状態の1つといえるでしょう。

　ある研究では、マインドフルネスの程度の個人差と、その日のマインドフルネスの状態を測定し、これらと自分が自律的であると感じる程度やネガティブな感情を覚える程度との関連を検討しました。[5]

　その結果、個人の特性としても、また、その日の状態としてもマインドフルネスが高いほうが自律性を感じる程度は強く、ネガティブな感情を覚える程度は弱くなりました。つまり、今の経験に十分にコ

---

5 －Brown and Ryan (2003).

ミットして取り組んでいる人のほうが、自分の自律性を感じられる
し、ネガティブな感情を経験しにくいということでしょう。

　第1章で、幸福感を持続させるためのコツは、自分で自律的に何か
に取り組み続けることであると示唆する研究を紹介しましたが、それ
と符合する結果といえるでしょう。

　客体的な自覚についても、プレッシャーの下では自動化された行動
を阻害する可能性があることを述べましたが、状況によっては課題の
遂行に重要な役割を担います。

　たとえば、客体的な自覚がなくては他者の視点を取得したり、自分
の行動を制御したり、プライドを感じることができないといわれてい
ます。自分を客観的に振り返ることは、自分を成長させるための第一
歩にもなるのです。

　客体的自覚のプラスの点を示すデュバルとシルビアの研究の結果
が、**図表5-4**です。客体的自覚状態で、自分に意識が向いている場合
（自己認識レベル高）で、失敗をしたとしても改善の見込みがあると思
うときには、失敗の原因が自分にあると考えますが、客体的自覚状態
にない場合（自己認識レベル低）には、改善の可能性の高低にかかわら
ず、失敗の原因を自分に帰する傾向は見られませんでした。[6]

　失敗は自尊心を低めるため、決して快いものではありませんが、そ
れに向き合い、自分事として改善する気になるかどうかは、客観的に
自分を見つめられるかにかかっているともいえるでしょう。

　スポーツだったり勉強だったりと、研究での題材はビジネスの場面
とは一見して関連性の低いものが多くなりましたが、そこから得られ
る知見にはビジネスの場面で活用できるものも多くあります。プレッ
シャーがかかると、私たちは、自意識過剰になったり、普段と異なっ
た注意の配分を行ったりしてしまうのです。

　たとえば、仕事で重要な意思決定を行っているとき、決定の妥当性
よりも自分がどう評価されるかが気になってはいないでしょうか。こ

6 ─Duval and Silvia (2002).

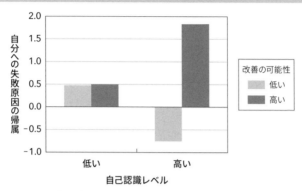

図表5-4　自己認識レベル別
自分への失敗原因帰属と改善可能性の高低との関係

出所：Duval and Silvia（2002）.

のまま作業を続ければ納期どおりに終了するはずが、失敗できないとの不安から、無駄にやり方を見直したりしてはいないでしょうか。

　客体的自覚と主体的自覚は、そのいずれもが場面に応じて効果を発揮します。主体的自覚は自然に生じることが多くないため、たとえば、マインドフルネスをスキルとして身につけるトレーニングを活用することや、仕事へのエンゲージメントを高めて主体的自覚を促すことなどが考えられます。

　一方で客体的自覚は、自分の評価がかかった場面や注目を浴びる場面で自然に生じ、ネガティブな方向に作用する可能性が高いため、活用には注意が必要です。うまく活用するためには、本人が理想とのギャップをきちんと受け止める準備や資源を持つための支援が必要だと考えられます。

　ここぞという場面は、多くの場合には予想される状況で生じることが多いもので、ある程度は心の準備が可能です。しかし、事故や突発的な出来事などでは、予測をすることができず、一気に大きなストレスにさらされます。次節では、このような状況の下で、人がどのように対処するかを見ていくことにします。

心理学の研究成果

- 自分に意識が向いて理想と現実のギャップに気づくと、ネガティブな感情が引き起こされる。

- スポーツなど、自動化された動作に意識を向けると、うまくいかなくなることがある。

- 注意を向ける必要がある課題（難しい数学の問題）を解く際にプレッシャーがかかると、不安から問題に集中できずにパフォーマンスが低下する。

職場への応用ポイント

- 成功へのプレッシャーがかかる場面では、自分の評価を気にするのではなく、良い成果を得ることに注意を向ける。

- 十分な準備とリハーサルは、行動を自動化することでプレッシャーに対処できるが、状況の変化対応に課題を残す可能性がある。

- 目の前のことに意識を集中している状態（フローやマインドフルネスの状態）は、パフォーマンスを向上させる。

2 いざというときに踏ん張る
──レジリエンス

　仕事生活は長期にわたるため、前節で触れたような緊張感やプレッシャーではなく、事故に遭ったりトラブルに巻き込まれたり、予期しないつらい出来事を多くの人が一度や二度は経験するのではないでしょうか。プライベートでのつらい経験も仕事に影響するかもしれません。

　働く人たちは、どのようにつらい状況を乗り越えていくのでしょうか、また、うまく乗り越えられるかどうかに関連する要因には、どのようなものがあるのでしょうか。「レジリエンス」という概念に着目して考えましょう。

2-1 レジリエンス（精神的回復力）と職場のストレス

　レジリエンスは精神的回復力と訳されますが、困難な状況下で発揮されるポジティブな適応プロセスであるとされています。レジリエンスの研究では、愛する人との死別やトラウマ体験といった大きなストレスイベントに対する耐性や回復力が、主に扱われてきました。

　図表5-5は、愛する人との死別（上図）と職を失う経験（下図）の後の、情緒的な幸福感（affective well-being）と、認知的な幸福感（cognitive well-being）の変化を見た研究をまとめたものです。[7]情緒的な幸福感とは、快感情（例：楽しい）があること、あるいは不快な感情（例：気分が落ち込む）がないことです。認知的な幸福感とは自分の人生や仕事、人間関係などに対するポジティブな評価（例：人生に満足している）です。

　グラフの縦軸は、死別や離職といったイベントの前後での幸福感の

---

7 ─Luhmann, et al. (2012).

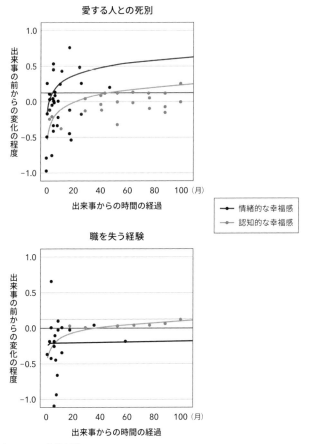

図表5-5　愛する人との死別と職を失う経験の後の幸福感の変化

愛する人との死別

職を失う経験

＊ 情緒的な幸福感
＊ 認知的な幸福感

出所：Luhmann, et al.（2012）.

比較になるのですが、職を失った直後の感情面での幸福感は、ばらつ
きは大きいものの、死別の場合と同程度のネガティブな反応を示す場
合があることがわかります。

　ちなみに、職を失った場合の情緒的な幸福感では、長期的には程度
にさほど変化は見られませんが、これは研究数の少なさによるものと
思われます。一方、認知的な幸福感は徐々に回復する傾向があること

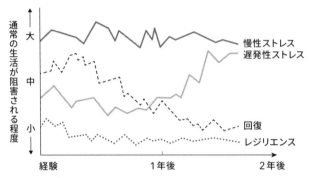

図表5-6　喪失経験やトラウマになるような経験後に
　　　　通常の生活が阻害される程度の典型例

通常の生活が阻害される程度

大
中
小

経験　　　　　　1年後　　　　　　2年後

慢性ストレス
遅発性ストレス
回復
レジリエンス

出所：Bonanno（2004）.

がわかりますが、元のレベルに戻るまでにはおよそ40カ月を要する
ことが予想されています。職を失うといった、自己概念を揺るがすよ
うな出来事のインパクトは相当大きいといえるでしょう。

　それでも、病気やケガからの回復と同じように、人には精神的な回
復力が備わっているようです。

　人にはネガティブな出来事への耐性がかなり備わっているのではな
いかとの指摘もあります。[8] 図表5-6は、ネガティブな出来事への反
応には4つのパターンがあることを示しています。

　「回復」は、精神的な問題から徐々に回復することを指しますが、
それとは異なり「レジリエンス」が高い場合は、トラウマ的な出来事
の直後から、比較的安定して通常の生活を送ることができているので
す。

　さらに、実はこの図のようなレジリエンスを示す人は意外と多く、
愛する人との死別を経験した人のおよそ半数にのぼるのではないかと
もいわれています。もちろん、愛する人を失った悲しみや、気分の落
ち込みはあるのでしょうが、この図を示したボナンノが行った別の研

8 ―Bonanno（2004）.

究では、レジリエンスを示す人はそうでない人と比べて、悲嘆にくれる状態は一時的であり、日常生活を営む機能は阻害されず、ポジティブな感情を覚えることもできていたと報告しています。[9]

　ただし、通常の生活が送れているからといって、また、ポジティブな感情を覚えることができたとしても、ネガティブな感情を覚えないわけではありません。病気から医学的に回復しても、痛みや疲れやすさが残る場合と同様で、つらい経験は記憶から消すことができません。また、遅発性のストレス反応のように、そのときは大丈夫でも、時間が経った後に生活が阻害される状況に陥る人がいることも忘れてはならないでしょう。

2-2 レジリエンスの促進要因1　自己効力感

　レジリエンスを示す人とは、どのような人なのでしょうか。たとえば、「人生において意義のある目的を見つけようとする」「自分は周囲の環境や出来事に影響力があると信じている」「良くも悪くも経験から学び、成長できると思っている」といった特徴をハーディネス（頑健さ：高ストレス下で健康を保つ人が持つ個人特性）[10] と呼ぶのですが、このような特徴を持つ人は、レジリエンスが高いことがわかっています。ハーディネスは、第2章で紹介したコントロール感や自己効力感と通じる部分もあるように思われます。

　また、バウワーとボナンノの研究では、「自分はこの先〇〇できるだろう」といった今後に向けた自分のポテンシャルの評価（自己効力感）と、「自分はよくやった」「自分には優れた能力がある」といった自己評価を区別して、それぞれが愛する人との死別後の悲しみの程度にどのような影響を及ぼすかを検討しました。[11] その結果、自分のポ

---

9 － Bonanno, et al. (2002).
10 － Kobasa, et al. (1982).
11 － Bauer and Bonanno (2001).

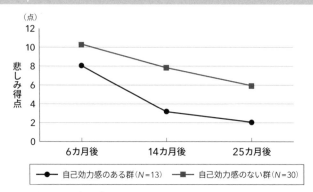

図表5-7　自己効力感が悲しみの程度に及ぼす影響

（点）

悲しみ得点

12
10
8
6
4
2
0

6カ月後　　　14カ月後　　　25カ月後

● 自己効力感のある群（N=13）　　■ 自己効力感のない群（N=30）

出所：Bauer and Bonanno（2001）.

テンシャル評価（自己効力感）がある場合にのみ、安定して悲しみを
より多く軽減する効果が確認されています（図表5-7）。

　これまでの研究からは、状況にどう「意味づけ」をするかにも、レ
ジリエンスを高めるポイントがあることがわかっています。たとえ
ば、仕事での大失敗を自分が成長するチャンスと捉えるか、自分の
キャリアはこれで終わりと思うかでは、その後の本人の心理や行動に
は大きな違いが生じるでしょう。ハーディネスのような個人特性は、
今はつらくても先行きに対する明るい見通しを持つことで、レジリエ
ンスを促進しているといえそうです。

2-3　レジリエンスの促進要因2　感情の制御

　そうはいっても、ショックなことや困難な場面では、不安になった
り、怒りや悲しみを感じたりすることは、ごく普通の反応です。レジ
リエンスを示す人は、ネガティブな感情を覚えていないわけではな
く、うまくコントロールできていると考えることもできます。

　ネガティブな感情は、その感情にラベリングをすることでコント
ロールしやすくなるといわれてきました。たとえば、腹が立っている

a：感情のラベリング
（「恐れ」と「怒り」より選択）

恐れ　　　　怒り

b：感情のマッチング
（同じ感情のものを選択）

c：感情の観察
（観察のみで何も行わない）

d：性別のラベリング
（「太郎」と「花子」より選択）

太郎　　　　花子

e：性別のマッチング
（同じ性別のものを選択）

f：形の観察
（同じ形のものを選択）

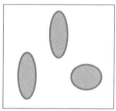

出所：Lieberman, et al.（2007）.

ときに、「自分はとても腹を立てている」と自覚するといったことです。

　なぜ感情のラベリングにこのような効果があるかは、従来はよくわかっていなかったのですが、近年の脳の神経画像を用いた研究では、ネガティブな刺激（怒りや恐怖の感情を表す表情の画像）を与えられた後に、感情にラベリングをすると、脳の感情反応が抑制されることが示されています。[12]

　この実験では、参加者は図表5-8に示す6つの課題を行いますが、その際に脳の感情に関する情報処理を行っている部位の活動の状況を測定します。その結果、図表5-9にあるように、感情のラベリングを行うことで、感情反応を処理する脳の特定部位の活動が抑えられたこ

12 ─ Lieberman, et al.（2007）.

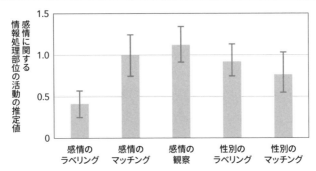

図表5-9　課題別の感情に関する情報処理部位の活動の推定値
（形のマッチング課題を基準として）

感情に関する情報処理部位の活動の推定値

1.5

1.0

0.5

0

感情の
ラベリング　感情の
マッチング　感情の
観察　性別の
ラベリング　性別の
マッチング

出所：Lieberman, et al.（2007）.

とがわかりました。

　困難な状況に置かれたときに、自分の状況を客観視してみること
で、感情に飲み込まれることなく、落ち着いてその状況の意味づけを
行ったり、対処方法を考えられたりするようになることが期待できま
す。

2-4 レジリエンスの促進要因3　社会的資源の活用

　近年のストレスコーピング（ストレス対処法）の研究の中では、人
がどのようにストレスに対処するかには、さまざまなパターンがある
ことがわかっています。そして、その際に使用可能なものをまとめて
「コーピング資源」と呼びます。

　資源の中には上記に述べた「自分はやれる！」といった効力感や、
物事をポジティブに捉える楽観性のような「心理的資源」だけでな
く、当人が置かれた環境や社会的なサポートなどの「社会的資源」も
含まれます。

　家庭環境は、社会的資源の1つと考えられますが、米国の中西部に
ある公立学校の6年生から12年生までのデータを用いたファンケル
スタインらの研究では、親の学歴が低いと生徒のストレスが増加する

傾向があることが示されています。[13] しかしこの研究は、本人の楽観性がストレスの軽減に有効であることも示しています。社会的資源が足りなくても、個人的資源があればコーピングは促進されることになり、コーピング資源は互いに補い合うと考えられます。

　ただし、異なるコーピング資源がどのようにコーピングのプロセスに影響しているかについては、十分に解明されているわけではありません。ストレスコーピングに関する心理学的なモデルでは、状況の認知的評価が重要なポイントになります。同じように困難な状況に置かれても、その状況が自分にとってどの程度難しいと感じるか、そして、自分がうまく対処できそうかの評価には個人差があります。

　このような認知的評価と社会的資源の関係はどうなっているのでしょうか。また、資源間の補完性も必ずしも完全ではないかもしれません。以降では、社会的資源と心理的資源の関係性について考えてみましょう。

　社会的資源の中で、親の学歴のような家庭環境は、変化しにくいものですが、増やすことの可能な社会的資源もあります。たとえば、周囲の人から支援を得ることや、自分と自分が所属する集団とを同一視すること、すなわち、その集団の一員である自分を強く意識することなどもストレスの影響を軽減することがわかっています。

　また、心理的資源の1つである楽観性は、状況をポジティブに解釈することに加えて、周囲からのサポートを増やすことにもつながり、抑うつ傾向を軽減させる効果があったことが報告されています。[14]

　グリナウェイらは、集団への同一視がストレス対処に役立つことを示唆した研究を行いました。[15] この研究では、実験的に自集団への同一視の程度を操作した結果、同一視が高まった人ほど周囲の事柄に対するコントロール感を高く持つ傾向があったことがわかりました（図

13 ― Finkelstein, et al. (2007).
14 ― Brissette, et al. (2002).
15 ― Greenaway, et al. (2015).

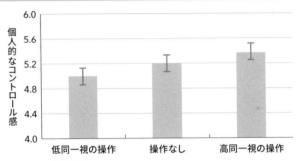

図表5-10　操作された自集団への同一視がコントロール感に及ぼす影響

個人的なコントロール感

6.0
5.6
5.2
4.8
4.4
4.0

低同一視の操作　　　　操作なし　　　　高同一視の操作

出所：Greenaway, et al.（2015）.

表5-10）。さらに、コントロール感が高まった結果、人生の満足度が有意に上昇したり、抑うつ感が有意に低下したりすることも示されました。

　他者からの支援や、自分の所属する集団との良好な関係性といった社会的資源と、楽観性やコントロール感といった心理的資源の間には、互いに高め合う効果があることがわかります。心理的資源あるいは社会的資源に関する研究や理論をレビューした結果、私たちは、いざというときのために、いずれの資源も増やすような行動を常に行っているのではないかと論じられています。[16]

　直面するかもしれない困難な状況に対処するためには、ハーディネスのような特徴を持って日々の生活を送ること、いざというときに「自分は何とかなる」と思えるような小さな成功体験を積み重ねておくこと、周囲の人や所属組織と良好な関係性を築いておくことなどが有効だといえるでしょう。

　また、不幸な経験に遭遇したときにつらいと感じるのは当然ですが、自分自身の反応を客観視して、感情に埋没しないようにすることによって少しは対処しやすくなるかもしれません。前節でも触れまし

[16]－Hobfoll（2002）.

たが、自分の状況を他者に説明することも、自己を客観視するには有効だと思われます。素直に自分の気持ちを打ち明けられ、話に耳を傾けてくれる友人や家族の存在は社会的資源としても貴重だといえるでしょう。

　第1節ではプレッシャーがかかる場面、第2節では突然の困難に直面したときの反応や対処に関する研究を見てきました。次節では、日々感じる可能性のある「自己に対する脅威」について考えます。

第2節のまとめ

心理学の研究成果

- 人は「レジリエンス」（精神的回復力）を持っており、つらい出来事の後でも比較的早く回復に向かうことができる。
- 自分のポテンシャルを信じている人ほど、悲しみからの回復力が高い。
- 感情にラベルづけをすることで、感情のコントロールが促進される。
- ストレスの対処にはレジリエンスのような個人の力だけでなく、他者からのサポートなどの社会的資源も役立つ。

職場への応用ポイント

- つらい出来事を経験した組織メンバーの回復の程度やスピードには個人差がある。
- 組織の一員であるとの認識を持つことで、組織メンバーのストレスに対処する際のコントロール感を高めることができる。
- 自分のつらい経験を安心して他者と共有する時間や機会を設ける。

3 職場は心安らぐ場所か
──統合的自己への心理的脅威

ストレスに対処する際に、他者の存在が社会的資源となって役立つことを述べました。その一方で、他者の存在がストレスをもたらすことも多くあります。

たとえば、これまで経験したことのない難しい仕事を行うことになったとき、失敗するとメンツや自尊心が損なわれると思うと、心穏やかではありません。また、一緒に仕事をする上司と考え方が合わない、あるいは、同僚とうまく一緒に仕事ができず、職場に居づらいといったこともあるかもしれません。

また、他者は関係なくても、第1節で紹介したように、自分が理想とするほど仕事で力が発揮できていると感じられず、漠然と焦りを感じることもあるでしょう。以下では、このような漠然とした不安や焦りは、自己が何らかの心理的な脅威にさらされていることによるものであるとの考えを紹介しつつ、そのような脅威への対処について見ていきます。

3-1 心理的脅威を感じるとき

社会心理学者のシャーマンとコーエンは、私たちは日々心理的な脅威にさらされており、それに対して心理的な防衛機能を発揮していると主張しています。[17]

図表5-11に、彼らがまとめた、自己の統合性を脅かす可能性のある要素を示しています。6つの要素について、自分の評価や自己イメージが損なわれる懸念が脅威になるとしているのです。

仕事における自己を考えた際に、「目標」は脅威としてわかりやす

---

17 ─ Sherman and Cohen (2006).

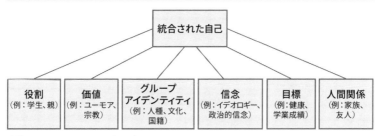

図表5-11　自己システムの概念図

出所：Sherman and Cohen（2006）.

いものでしょうが、それ以外の要素についても、脅威になる可能性があります。たとえば、仕事で思ったような成果を上げられないかもしれないときは、「役割」が果たせないことや、周囲の人から今後信頼されなくなるかもしれない「人間関係」の恐れや脅威にもなりうるのです。あるいは、自分自身が「価値」を置く、仕事のできる人間のイメージに反してしまうかもしれません。

3-2　心理的脅威の影響

　心理的脅威がある場合、私たちはどのような反応をするのでしょうか。少数派へのステレオタイプの影響について数多くの研究が行われています。

　マーフィーが行った実験では、理数系専攻の大学生を対象として、カンファレンスのビデオを見せました。[18] ランダムに分けられた半分の学生は、カンファレンスの参加者の男女比が4対1と圧倒的に男性が多いビデオ（男性多数群）を、残りの学生は男女比が1対1のビデオ（男女同数群）を見ました。その後、もし自分がカンファレンスに参加した場合に、どの程度の所属感を持てると思うかを尋ねました。

---

18 ─Murphy, et al. (2007).

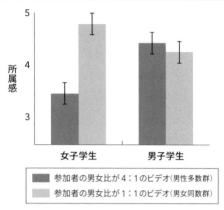

図表5-12	理数系大学生がカンファレンスへの所属感を覚える程度 （カンファレンス参加者の性別比の違いの影響）

凡例：
- 参加者の男女比が４：１のビデオ（男性多数群）
- 参加者の男女比が１：１のビデオ（男女同数群）

出所：Murphy, et al.（2007）.

結果は、図表5-12のとおりです。

　男子学生は参加者の男女比に影響を受けなかったのですが、女子学生の場合、女性の参加者が少ないことによって、所属感が低くなることがわかりました。つまり、普段からマイノリティであることを脅威に感じるとされる理数系の女子学生は、カンファレンスの参加者の男女比というサインによって、脅威を予感して、所属感を低くしたと解釈できます。男子学生には意味をなさない参加者の男女比は、女子学生にとって大きな意味を持つ情報だったわけです。

　筆者は毎年、米国の産業組織心理学会に参加していますが、参加するたびに、白人以外の参加者の少なさが気になっていました。女性の参加者は十分多くいましたので、居心地の悪さを感じていたとするならば、この場合は性別ではなく、人種での自分の特殊性を意識してしまったということでしょう。

　日本企業でもずいぶん女性活躍の場が広がってきました。それでも職場によっては、女性が少ない場合があるでしょうし、その傾向は役職が上がると、さらに顕著になります。また、日本企業で働く外国人は、この先しばらくは少数派であり続けるでしょう。特定の属性を持

つ人がマイノリティになる状況は多くあります。

　ちなみに、米国の産業組織心理学会では、研究発表を行うアジア系やヒスパニック系の研究者もいます。彼らは居心地の悪さを感じていないように見えますが、そこには、研究者としての自己肯定感の高さが影響している可能性があります。自然に喚起されてしまう脅威を抑える方法として、自己肯定感を高める操作が効果的であることが実証研究で示されており、それについて以下で紹介します。

3-3　自己肯定感によって脅威はなくなるのか

　自己肯定感を高める操作は、実験の中では、自分にとって重要なことや価値のあることを書いたり、それについて考えたりするという方法でよく行われます。

　たとえば、クレスウェルらの研究では上記のような方法で自分が重要視する価値の確認を行った群と、そうでない群に、それが後で重要な場面で評価されることを伝えたうえで、自己アピールの文章を書くなどのストレスのかかるタスクを行う実験が行われました。[19] ストレスの状況を唾液中のコルチゾールで測定すると、自己肯定操作あり群では自己価値を確認するという簡単な操作によってストレスのレベルが低く抑えられていたことがわかりました（図表5-13）。

　自己肯定によって脅威が軽減されると、防衛的でなくなることもシャーマンらの研究で示されています。[20]

　実験では、まず学生がカフェインの摂取による健康被害について書かれた記事を読みます。その後、自己肯定操作を行う群と行わない群にランダムに分けます。さらにその後に、記事に書かれたことを受け入れる程度について尋ねます。

　結果は図表5-14のとおりで、そもそもコーヒーを飲まない人には

19 ― Creswell, et al. (2005).
20 ― Sherman, et al. (2000).

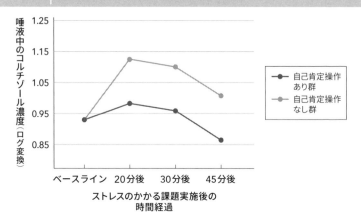

図表5-13　自己肯定操作がストレス反応に及ぼす影響

縦軸：唾液中のコルチゾール濃度（ログ変換）

凡例：
● 自己肯定操作あり群
● 自己肯定操作なし群

横軸：ベースライン　20分後　30分後　45分後
ストレスのかかる課題実施後の時間経過

出所：Creswell, et al.（2005）.

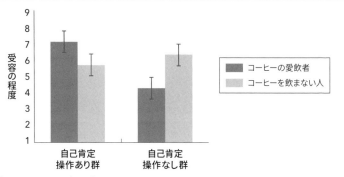

図表5-14　自己肯定操作が論文の受容程度に及ぼす影響

縦軸：受容の程度

凡例：
■ コーヒーの愛飲者
□ コーヒーを飲まない人

横軸：自己肯定操作あり群　自己肯定操作なし群

出所：Sherman, et al.（2000）.

操作の影響は表れなかったのですが、コーヒーの愛飲者では、健康な自分のイメージが阻害される脅威があるため、自己肯定操作を行わない場合、記事のメッセージを受け入れませんが、自己肯定操作を行った群では、逆にメッセージを受け入れていることがわかります。

同様の結果は、たとえば交渉の場面において、自己肯定感を高めた場合のほうが、相手の意見を受け入れやすいことなども示されている

ようです。組織において、相手にとって耳の痛いフィードバックを行うとき、防衛的にならずにフィードバックを受け入れてもらうためには、受け手の自己肯定感が上がっている状態が望ましいといえるでしょう。

3-4 自己肯定の長期的効果

　自己肯定の効果についての研究は、さまざまな対象者と脅威について行われていますが、ここでは大学生を対象にした人種のステレオタイプの脅威と、対人関係の脅威について紹介します。

　教育場面において、特に米国では人種による学業成績の差が問題視されています。具体的には黒人やラテン系の学生の成績が、白人に比べると低くなるというもので、その理由は、自己をネガティブにステレオタイプ化することによるものだと考えられています。大学1年次と2年次に、ラテン系米国人と白人系米国人に自己肯定操作を行う場合と、それとまったく関係のない操作を行った場合とで、4学期にわたって成績の変化を比較する研究がブレイディらによって行われました。[21] その結果が、図表5-15です。

　自己肯定操作を受けたラテン系の学生は、介入後1学期目には自己肯定操作を受けた白人学生の成績を抜き、4学期目には、自己肯定の操作を受けなかった白人学生の成績と同じになりました。

　この研究で特筆すべき点は、操作の影響が長期にわたっていたことです。対象になった学生に後に聞き取り調査を行っていますが、その結果、自分で必要に応じて自己肯定を行うようになっていたことがわかりました。長期的な効果を得るためには、1回の操作に加えて、必要に応じて自己肯定を行うための仕掛けも必要だと思われます。

　自己肯定は、対人関係構築に問題がある場合の解決策としても、効果があるとの研究が示されています。[22] 大学生を対象に友人や家族と

21－Brady, et al.（2016）.

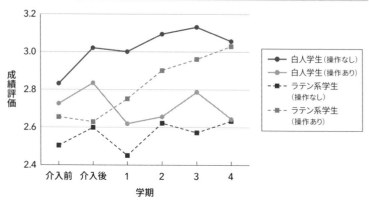

出所：Brady, et al.（2016）.

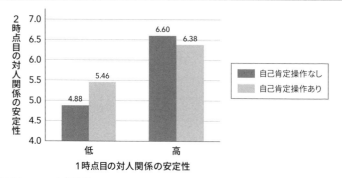

出所：Stinson, et al.（2011）.

の関係性に関する質問紙に回答してもらった後、一部の学生には自己
肯定操作を行いました。その後4週間経って、再度、関係性に関す
る質問紙への回答を求めたところ、最初に関係性の評定の低かった学
生にのみ、自己肯定操作の効果が見られ、2回目の関係性の評定値は

22－Stinson, et al.（2011）.

有意に向上しました（図表5-16）。

　さらにこの研究では、参加者へのインタビューが行われ、インタビュアーが評定を行った対人緊張においても、自己肯定の操作のポジティブな効果が得られています。

3-5　自己肯定と所属集団への効用

　自己肯定操作による脅威の軽減は、個人にとってさまざまな良い効果をもたらすことが確認されています。このような状態にある個人がいることで、集団も脅威から解放されるのでしょうか。

　図表5-11の自己システムを提案したコーエンとシャーマンは、さらに図表5-17に示す概念図を提示して、個人の自己肯定の向上によってもたらされる適応的な行動を介して、社会全体での相互期待が高まることによる波及効果を想定しています。[23] 自己肯定が社会全体にどのように影響するかの解明は、今後の研究に期待したいところです。

　たとえば、自己脅威のない状態、あるいは感じてもそれを容易に克服できる状態は、人に対する愛情の価値を上げるといった、クロッカーらによる面白い研究も報告されています。[24] 自己への脅威がなくなることで、他者や集団に目を向けることができるようになることが期待されます。図表5-17に示された適応行動に加えて、他者への配慮によって、職場やチームの対人関係が改善することの効果も期待できるかもしれません。

　ただし、集団での効果を考える場合は、気をつけるべきことがありそうです。肯定される個人の価値観が集団のめざす方向と異なる場合、逆の効果をもたらす可能性があるのです。

　たとえば、これまでにない新しいアイディアの商品開発を行うプロジェクトに、既存商品の品質改善こそが自社の価値であると感じてい

23－Cohen and Sherman (2014).
24－Crocker, et al. (2008).

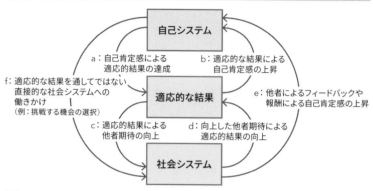

図表5-17　自己肯定感による適応可能性へのサイクル
（個人レベルから社会レベルへ）

出所：Cohen and Sherman（2014）.

るメンバーが入ったとしましょう。この人の自己肯定を「品質改善に
価値を持つ自分」で行ってしまうと、それをみんなに認めてもらおう
として空回りするかもしれません。もちろん、反対意見を受け入れやす
くなっているため、プロジェクトの価値を受け入れてくれるかもし
れませんが、そこは研究から予測することはできません。具体的に打
ち手を考える際には、何に脅威を感じているのか、何の要素を肯定す
べきか、といったことを事前に考える必要があると思われます。

　この章では、困難な場面をどう乗り越えるかを考える際に役立ちそ
うないくつかの理論や概念を紹介しました。困難は場面の性質によっ
て、役立つ理論や概念が限定される場合も、そうでない場合もありま
す。

　たとえば、「今度新しくアサインされた自分にとってチャレンジン
グな仕事に向かう」際には、成功へのプレッシャーが高い場面かもし
れませんし、自己への脅威として捉えることもできるでしょう。本人
が以前に同様のプロジェクトで大きな失敗をした経験があれば、レジ
リエンスの問題として考えることもできるかもしれません。さまざま
な見方ができるようになることもまた、困難な場面での対処のレパー

トリーを増やすことに貢献するでしょう。

第**3**節のまとめ

心理学の研究成果

- 統合された自己が脅威にさらされた場合、心理的な防衛機能を働かせる。
- 自己肯定することで、防衛的にならずに自分に不利な情報を受け入れることができる。
- 自己肯定の効果を持続させるためには、必要に応じて自己肯定することが必要。

職場への応用ポイント

- 職場でマイノリティになるメンバーは、心理的脅威を感じている可能性がある。
- ネガティブなフィードバックや情報を受け入れてもらうときには、本人の自己肯定感が高い状態で行うほうが効果的である。
- 脅威を感じているメンバーの肯定感を上げることは、本人にとってのみならず、職場やチームへの良い効果が期待できる。

第6章 協力して仕事を進める

　程度の差こそあれ、ほとんどの仕事は、いろいろな人とかかわり合いながら進めていきます。もともと人は、生き残りをかけて集団で生活する社会性の高い動物なので、他者と協力することは得意なはずです。

　生き残りのための直接的な協力が必要なくなってからも、私たちは個人では不可能な大規模な、あるいは複雑な仕事を他者と協力し合って進めてきました。古くはピラミッドの建造から今日の宇宙開発まで、人類が集団で成し遂げた多くのことを考えると、私たちにとって集団での活動がいかに重要であるかはいうまでもありません。

　一方で職場を見渡すと、ハラスメントの問題や、価値観の合わない上司とのつき合い、同僚とのコミュニケーションのすれ違いなど、対人関係の問題が目につきます。なぜ社会的動物である私たちは、これほど多くの対人関係の難しさを経験するのでしょうか。

　第6章では、他者と協力して活動することの利点や難しさについて考えます。初めに、対人関係について考える際に重要な概念である「信頼」について見ていきます。その後、集団での活動がなぜ、そして、どのように生産的でありうるのかについて考えていきましょう。

1 職場における「信頼関係」を考える
──対人信頼

　職場の人間関係の問題の背景にある現象として、「信頼」（trust）の低下が挙げられます。たとえば、職場のメンタルヘルスが悪化する原因として、従業員間の信頼関係の低下が指摘されています。

　また、業績の悪化に伴い、やむをえずリストラを行う企業が出る中で、経営に対する従業員の信頼の低下が生じています。さらに、信頼感が低下した組織では従業員の士気が上がらず、従業員間のコミュニケーションも円滑に行われなくなるといった、良くない現象が生じると考えられています。

　信頼という概念については、組織行動や心理学のみならず、政治や経済、医療など、さまざまな分野で研究が行われてきました。たとえば、政府や国に対する信頼や、インターネットでの商取引に対する信頼、医者に対する信頼などです。ここでは、社会心理学や社会学が扱ってきた「対人信頼」を中心にいくつかの研究を紹介しつつ、今日の企業組織に見られる信頼にまつわる問題点について、考えてみましょう。

　信頼は、私たちにとって身近な言葉ですが、心理学の分野では、たとえばルソーらは、「信頼とは、他者の意図や行為に対する好意的な期待に基づき、自己の脆弱性をよしとする意図を生じさせる心理的状態のこと」と定義しています。[1]

　つまり、信頼する相手は、自分に意図的に損や害をもたらすようなことはないと思われるため、ある程度のリスクをとって何かを委ねることができるのです。リスクといっても、自分の将来がかかっている場合と、頼まれて1万円を貸す場合では、かなり異なるでしょう。しかし、いずれも相手に「頼る」という点では同じです。

---

1 ─Rousseau, et al. (1998).

1-1 信頼関係はどのように始まるのか

　どのようにして見知らぬ相手との信頼関係が始まり、築かれるのかについて、ゲームを用いた研究が行われてきました。

　たとえば、相手の善意を信じると自分が最も得をするが、相手が裏切ると大きく損をする、逆に相手を信じない選択をした場合は相手の出方により、中程度の得と損をする構造になっているゲームにおいて、ゲームの参加者は意思決定を求められます。

　ゲームの利得の構造は、研究者の関心によって異なりますが、「相手の善意を信じた選択をする程度」が信頼の程度となります。研究では、相手の反応も見つつ、互恵的な交換を繰り返すことで信頼がどのように構築されるかを見ることもあります。一般には、自分がリスクをとると、相手もそれに返報し、さらに自分が応える。このようなやり取りが何度か繰り返されることで、信頼関係が築かれると考えられています。

　これまでの研究から個人差はあるものの、私たちには一般に他者を信頼する傾向がある程度備わっていることが示されています。人からの協力やサポートなしでは難しいことがたくさんあって、人を信頼することは、自分自身にとっても重要な意味があると考えられます。

　人が相手を信頼する選択は、「相手がどの程度、信頼に足るかを予測した」結果によるものか、それとも相手がどうかは関係なく、当人が「そうすることが望ましい」、あるいは「そうしたい」と思うことによるものかを、ロシア、南アフリカ、米国で、仮想通貨を用いたゲームで検証したアシュラフらの研究があります。[2] 結果は図表6-1のとおりです。

　ゲームの中で、信頼者（trustor）は持ち分から自分の好きな割合のお金を被信頼者（trustee）に渡し、被信頼者はもらったお金のうち好きな割合を信頼者に返しました。分析の結果、信頼者が渡した額は、

---

2 ―Ashraf, et al. (2006).

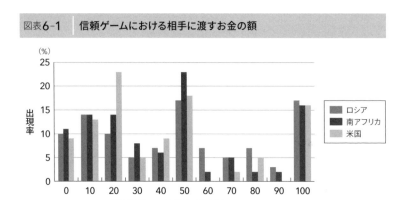

図表6-1　信頼ゲームにおける相手に渡すお金の額

仮想通貨(CU)を相手に渡す額(0〜100)

出所：Ashraf, et al.（2006）.

被信頼者がどの程度返してくれるかの予測に大きく影響されました
が、それとは別に信頼者が類似の状況下で、一般にどの程度のお金を
渡すかの傾向によっても影響を受けていました。

　つまり、相手の行動予測とは関係なく、信頼行動をとりたい、とる
べきだと思うことに影響を受けたのだとアシュラフらは論じていま
す。加えて、信頼者が渡す額には、3つの国で違いが見られなかった
ことも報告しています。どの国においても、渡す額には個人差がある
のですが、2割程度かそれ以下しか渡さない人と、ちょうど半分程度
を渡す人と、全部を渡す人に大きく分かれる傾向がありました。

　なぜこのような個人差が生じるのか、また、なぜ経済状況が異なる
国や異なる文化の下でも割合が大きく異ならないのか、といったこと
も興味深い点です。

1-2　職場における信頼

　信頼はある種のリスクや不透明さを有する環境において、重要性が
増すことが複数の研究者によって指摘されています。社会が固定化
し、限られた人間関係の中で生活する場合には、対人関係における多

くのルールがあり、それに従うことで、他者と協力して生活することが可能です。

　ところが、社会の成熟や経済の発展により、少なくとも先進国では、人間関係は以前より流動化しています。職業生活ひとつをとっても、親の職業をそのまま継いでいた時代から、現代では職業選択は個人の自由になり、職業を変えることもあれば、複数の企業で働いたり、複数の国で働いたりといったことが珍しくなくなっています。仕事における人間関係は変化し、広がり、より緩やかな対人ネットワークを持つ時代になったといえるかもしれません。

　対人関係を円滑に進めるため、以前のようなルールによる統制が難しくなると、対人関係は「信頼」によって築かれるようになります。自社の技術だけでは困難な商品開発を行う際に、社外の誰に相談を持ちかけるでしょうか。自社にない技術分野に詳しそうな友人や、同僚の友人といったツテと紹介を通じて、パートナーを探します。会って話をする中で、この人となら一緒に商品開発ができそうだという判断をどこかで行うのではないでしょうか。

　もちろん、技術的に優れた能力を持っていることは必要かもしれませんが、それ以外に「この人なら途中で投げ出すことなく、一緒に頑張ってくれそうだ」と思うことは、パートナー選びに重要ではないでしょうか。その思いを伝え、さらに相手の意思を確認し、開発がスタートし、その後も壁に当たったときのその人の頑張りを見て、さらに信頼が増すといったことがあるかもしれません。

　一方で、日本企業や社会が気にする「職場の信頼」は、上記のような流動的な対人関係における信頼というより、所属する会社や社会に対する信頼や、普段一緒に仕事をする上司や同僚への信頼です。日本における信頼研究の第一人者である山岸俊男氏によれば、固定の関係性における自集団内の他者との関係は、その人が既存集団のルールに従うかどうかで判断されるもので、これを「安心」（assurance）と呼び、「信頼」（trust）とは異なるものとして区別しています。[3]

　企業における信頼を扱う場合には、上記のような区別をあまりしま

せん。もちろん、流動性の高い状態に比べると、所属する組織や社会におけるリスクは、おそらく小さいと思われますが、ここでは、安定した自集団内の他者であれ、初対面の相手であれ、その他者に対して、ポジティブな行動を期待しつつ、何らかのリスクをとる限りにおいては、信頼と呼ぶこととします。

1-3 2種類の信頼──「互恵的な交換」と「交渉による交換」

　信頼は、その形成過程の違いによって、性質が異なることが指摘されています。モルムらは、「互恵的な交換」と「交渉による交換」が、その結果として形成される信頼の構築にどのような影響を及ぼすかを検討しました。[4]

　「互恵的な交換」とは、事前の取り決めなく行われる交換で、どの程度相手を信頼した行動をとるかは双方が独立して選択します。「交渉による交換」は、自分が提供するものと相手から得られるものが、事前の交渉の結果で決まっている場合です。

　図表6-2には、互恵的な交換の中でも、参加者が互いに自分の意図を事前に表明する不確実性の低い場合（破線）と、交渉による交換の中でも、交渉結果には拘束力がない条件の下（直線）での違いを表したものです。

　横軸は、相手を信頼できると思う程度を評定した結果で、縦軸は、相手に対するポジティブな感情的な評価を示したものです。互恵的な交換によって形成された信頼では、相手への信頼が高まると感情的な評価も高まるのに対して、交渉による交換では、そのような傾向は見られません。

　さらに、互恵的な交換関係から、交渉による交換関係に移行した場合に、信頼が低下することがチェシィアらの実験によって示されまし

---

3 ─Yamagishi and Yamagishi (1994).
4 ─Molm, et al. (2009).

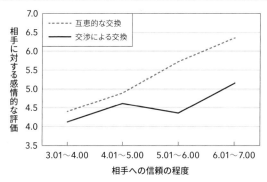

出所：Molm, et al.（2009）.

た（図表6-3）。

　協力レベルが高い場合には、互恵的な交換関係から、交渉による交換関係に移行した場合、交渉結果を履行する拘束力の有無にかかわらず、信頼が有意に低下しました。一方、協力レベルが低い場合には、交換関係の移行によって信頼に有意な変化は生じませんでした。[5]

　互恵的な交換においては、協力するか否かは、相手の善意によるものと考えられるのに対して、交渉による交換では、相手の協力は決め事に従っているのであり、必ずしも善意があるとは限らないため、信頼の低下を招いたと考えられます。

　協力レベルが低い場合には、互恵的な交換の際にもさほど高い信頼はなかったため、交換関係が変化しても、信頼感には影響が出なかったのでしょう。この実験の結果からは、他者への信頼感を高める要因として、相手が協力行動を示すこと、それが相手の善意によるものと推測できることの両方が重要であるといえそうです。

　1990年代後半以降、日本企業が成果主義を取り入れた際に、なるべく合理的に、成果に応じて公正に処遇を決定することを志向した制

---

5 ─Cheshire, et al.（2010）.

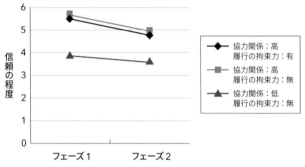

図表6-3　互恵的な交換から交渉による交換に移行した場合の信頼の変化

凡例：
- 協力関係：高　履行の拘束力：有
- 協力関係：高　履行の拘束力：無
- 協力関係：低　履行の拘束力：無

出所：Cheshire, et al.（2010）をもとに作成。

度改革を行ったのですが、これはひょっとすると社員には契約による交換関係と捉えられたのかもしれません。もし社員がそれまで、自分たちの貢献も、会社から与えられた安定や処遇も、互恵的な交換関係によって成り立っていると考えていたならば、上記の実験のような交換関係の移行が生じたと解釈することが可能です。

このように考えると、なぜ成果主義の導入が社員の組織への信頼を低下させたのかが、説明できるようになるでしょう。

1-4 危機の状態にある企業と信頼

交渉した結果として築かれた信頼よりも、互いを信じてリスクをとることで構築された情緒を含む信頼のほうが、状況の変化に強いと考えられます。そして、企業が何らかの危機に直面した際に力を発揮するのが、後者の情緒的な要素を含む信頼関係です。

上司が理不尽と思われる判断をした際、もともと交渉をベースに関係が築かれている場合には、交渉した結果が守られないと、関係は即座に解消されます。一方、上司への信頼が互恵的な交換をベースに築かれている場合はどうでしょうか。

互恵性による信頼の場合、特定の交渉で築かれた信頼関係ではあり

ませんから、1つ約束が破られたとしても、信頼関係がすぐさま駄目になることはないでしょう。図表6-2の結果を見ても、互恵的な交換では信頼とともに、相手に対する感情的な評価は増加し続けています。感情的な信頼は、たまに起きる裏切りに対して頑健であるといわれています。互恵的な交換における信頼が一定以上の強さで形成されると、信頼は情緒的なものに裏打ちされ、強くなると考えられます。

　ミシュラの研究によれば、危機に瀕した産業に属する企業のトップ33名からの聞き取り調査において、信頼に関する発言がしばしば聞かれています。[6] そのような企業における信頼は、難しい状況に置かれた場合でも意思決定を現場に任せること、歪められたコミュニケーションをしないこと、そして、組織内での協力を高めること、を促進する効果があるのではないかと論じられています。

1-5 日本企業において信頼はどのように醸成されるか

　ここまで、実験を中心として、どのように信頼が形成されてきたかを述べてきました。それでは、職場における信頼の実態はどのようなものでしょうか。図表6-4は、筆者らが行った研究の結果です。日本企業で働くホワイトカラーから集めたデータに基づくものです。[7]

　「一般対人信頼」は、対象に関係なく一般に他者は信頼できると思っている程度を表す個人差です。これは上司への信頼にも、組織への信頼にも、直接影響を及ぼしていて、一般に他者を信頼する傾向のある人は、上司にも組織にも高い信頼を示す傾向があることがわかります。上司や組織との関係は、契約に基づくものというより、比較的時間をかけて形成されるもので、情緒的な要素を含む互恵的な交換による信頼であると考えられます。

　米国の先行研究では、上司が、①能力があり、②モラルの高い人間

6 － Mishra（1996）.
7 － 今城ほか（2009）。

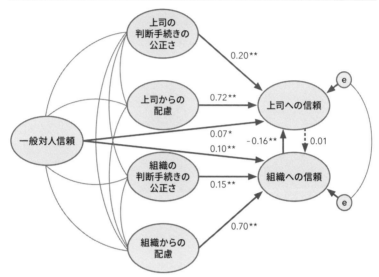

注：*p ＜ 0.05、**p ＜ 0.01
　　破線以外のパスはすべて有意。
　　数値は値が大きいほうが関係性が強い。
出所：今城ほか（2009）。

であり、③自分に対する配慮があると信頼感が上がることが示されて
います。ところが、日本のデータでは、①能力があることは、信頼
感には影響せず（したがって分析モデルから削除したため、この図にも
入っていません）、②モラルの高さと、③自分に対する配慮のみが信
頼感にプラスの影響がありました。

特に、自分への配慮を感じられるかが、信頼感に影響する最も大き
な要因でした。能力やモラルなど、上司に任せれば大丈夫といった意
味合いの信頼ではなく、自分も頑張るので、それを見て評価してほし
いといった、まさに互恵的な交換が信頼を形成している可能性が示さ
れています。[8]

---

8 ―今城ほか（2009）。

ちなみに、組織への信頼が高いと、上司への信頼が低くなる傾向がありますが、これは、組織は自分を悪いようにはしないだろうという認知があると、リスクが軽減することで、上司との互恵関係を重視しなくなるためではないかと考えられます。

　この節で取り上げた研究からは、誰かを信頼するというのは、相手の自分に対する善意を信じるということであり、私たちには信じたいと思う傾向がある程度は備わっているということが示唆されます。

　信頼の効用として、企業では監視リスクの軽減や、社員のやる気の向上、協力関係の強化などが期待できます。しかし、今後企業が置かれる環境を考えると、社内外を問わず、交渉による交換の機会は増えるかもしれません。その場合も、単に契約に従っているだけでなく、こちらに善意があることを確実に伝えていくことが、強い信頼関係の構築には欠かせないでしょう。

第1節のまとめ

心理学の研究成果

- 一般に初対面の相手を信頼する程度には個人差があり、特定の相手を信頼するかどうかにも、この個人差が影響する。
- 互恵的な相互作用を通じて構築された信頼には、相手に対するポジティブな情緒的評価が含まれる。
- 互恵的な相互作用を通じて構築された信頼は、環境変化などの影響を受けにくい。

職場への応用ポイント

- 報酬制度の変更など、組織と個人の関係性を変える環境変化は、信頼に影響する可能性があることに留意する。
- 環境変化に強い信頼を構築するためには、強制や見返りを前提としない互恵的相互作用が必要である。
- 厳しい環境に直面する企業にとっては、利害に基づく関係性ではなく、情緒的な信頼関係が必要となる場面が増えるだろう。

2 集団で活動すると人は力を発揮するか
——集団パフォーマンス

　私たちが日々の活動を行う組織も大きな集団ですが、その中にはいくつかの小集団があります。企業の場合、それは部や課だったり、プロジェクトチームだったり、役員会のような会議体であったりします。非公式な趣味の会や同好会を除いて考えると、これらの集団には集団で担うべき役割や達成すべき目標が定められています。

　日々の活動を考えてみると、集団活動は必ずしもうまくいくときばかりではありません。新しく編成されたプロジェクトチームで、メンバーの反りが合わずに、協力する雰囲気ができていないことは、それほど珍しい話ではありません。ある営業課では、メンバーはとても仲良しでプライベートで一緒に出かけたりもするほどなのに、肝心の営業成績となると、他の営業課と比べて低いレベルに甘んじている、というようなこともあります。

　集団活動に関しては、社会心理学で多くの研究が行われてきました。また、企業内の集団活動に関しては、産業組織心理学の中でもチームに関する研究が行われています。これらを企業の集団活動に適用すると、どのようなことがいえるのかを考えてみましょう。

2-1 集団のパフォーマンスは、
　　　個人のパフォーマンスよりも優れているか

　集団の研究においては、「集団のパフォーマンスは、個人のパフォーマンスよりも優れているか」といったテーマがよく扱われます。

　たとえば、個人のパフォーマンスを合算したものと、集合全体のパフォーマンスを比較する場合があります。コールセンターからかける電話の件数について、センターの要員5名が異なる場所から別々に電話をしたときの総件数と、集団として5名が同じ場所から電話を

かけたときの総件数を比較する例が、これにあたります。

　後者の件数のほうが多いときに、集団のパフォーマンスは個人のパフォーマンスよりも優れていると考えることができます。また、問題の解法を見つける課題の場合は、最も優れた集団メンバー個人の解法と、集団で話し合ったときの解法の比較をすることもあります。

　組織における集団の場合、その集団には果たすべき目標や課題が与えられますが、これが上記のパフォーマンスの内容にあたるものです。集団で課題を遂行する際には、集団メンバーは、さまざまな役割を担います。この役割分担の仕方に着目して、集団の特徴を考えます。

　企業組織を考えると、集団で働くメンバーが集団全体の目標のために果たす機能や役割は、大きく2つに分類できます。

　1つは、同様の機能・役割をメンバー間で分担する場合です。たとえば営業課であれば、担当顧客の性質などによって緩やかに役割が異なるものの、どのメンバーも会社の商品やサービスを顧客に売り込むという仕事を分担して行っています。コールセンターについても同じです。同様の役割を担う人を集めて企業内の部署が編成されることが一般的です。

　もう1つは、異なる強みや専門性を持ったメンバーで構成される集団です。たとえば、部門横断のプロジェクトチームや、医療現場のクルーがこれにあたります。この場合、メンバー1人1人には異なる機能・役割が求められます。前者のような集団を便宜上、同質役割集団、後者を異質役割集団と呼ぶことにして、それぞれについて考えます。

2-2 同質役割集団ではパフォーマンスは低下する？

　同質役割集団において、集団であることの強みはどこにあるでしょう。営業課の場合、原則として個人の営業成績の合算が課の成績になります。このような場合、集団でいることの利点の1つは、成績の良

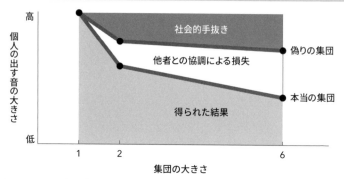

図表6-5　集団の大きさが個人のパフォーマンスに及ぼす影響

（縦軸）個人の出す音の大きさ　高／低
（横軸）集団の大きさ　1　2　6

社会的手抜き
他者との協調による損失
偽りの集団
本当の集団
得られた結果

出所：Latané, et al.（1979）.

くない個人がいても、余裕のある他のメンバーがそれをカバーできることです。すると、成績の良くない個人はもっと頑張ろうと思うようになるかもしれません。メンバー間の成績にあまり差がない場合でも、もっと良い成績を挙げたいと競争心を奮い起こすかもしれません。

　残念ながら、先行研究では同質役割集団の場合、集団での活動によってパフォーマンスは低下すること（「集団の損失」）が示されてきました。初期の研究では、大声で叫ぶという単純な課題を用いて、他者と一緒に叫ぶ場合には1人のときと比べて、あまり声を出さなくなることが示されました。[9]

　さらにこの研究では、本当に他者と協働で活動を行う場合（「本当の集団」）と、他者がいると思い込まされているものの、実際には他者との協働ではない場合（「偽りの集団」）を比較して、個人のパフォーマンスの低下が他者がいることで手抜きをすること（「社会的手抜き」）によるものであることを示しました（図表6-5）。

　本当の集団では、他者の出す声に無意識に合わせようとして、自分

---

[9] －Latané, et al.（1979）.

の声が小さくなる可能性があるのですが、偽りの集団では、そういったことは考えられず、個人で声を出す結果からの差分は、集団で行動する場合に個人が少し努力量を落とすことを示していると考えられています。

こうした「集団の損失」を起こさないための対策には、以下のようなものがあります。まず、個人の貢献を目に見える形にすることです。それによって「社会的手抜き」は起こりにくくなり、他者との比較によって自分を鼓舞することもあるでしょう。また、集団全体の目標に着目させることや、その意義を強く感じさせることでも、手抜きは起こりにくくなることがわかっています。

また、アジアの人は欧米の人と比べると、文化的な価値観の違いから「社会的手抜き」が起こりにくいことが指摘されています。[10] しかし、たとえ他者と協調的であったとしても、この図のように集団で共に活動することによって「集団の損失」が生じる可能性がある点には留意が必要です。

部や課のような同質役割集団では、社会的手抜きがあったとしても、学習機能というそれにかかわるメリットもあります。成績の良くない個人は、他のメンバーがどのように行動するかを観察したり、他のメンバーと一緒に行動することで、学習が促進されるでしょう。また、新しい営業のやり方を考える際にも、同質の役割を担う他者からの情報は重要なヒントを与えてくれるでしょう。

同質の役割を担う他者は良い社会的モデルであり、まさに他者を観察することによる社会的学習が促進される環境が整っているのです。

2-3 異質役割集団における方向性決定の重要性

もう1つの組織内集団である異質役割集団は、いわゆるプロジェクトチームに代表される異なる立場や専門性を持つメンバーで構成され

---

10 ─阿形・釘原（2008）。

図表6-6　チームの発達プロセスとチームを捉える3つの側面

	情緒的側面	行動的側面	認知的側面
形成過程	信頼（Trust） ●有能感の醸成 ●信頼関係の構築	計画（Planning） ●情報の収集 ●戦略の決定	構造化（Structuring） ●共有される心理モデル ●メンバーの特徴の把握
実行過程	絆（Bonding） ●良好な関係性の継続 ●多様性のマネジメント ●葛藤のマネジメント	適応（Adapting） ●ルーチンと新規状況への対応 ●支援と負担の平準化	学習（Learning） ●少数派・反対派からの学習 ●ベストメンバーからの学習
終了過程	（※終了過程については、この分野では現在までほとんど先行研究がない）		

出所：Ilgen, et al.（2005）をもとに作成。

ます。ビジネス環境の変化に伴って、近年こちらの集団の活用が増えてきているように思われます。

　異質役割集団の場合、1人ではできないことを補い合って実行するため、集団としての活動の意義はより明確です。また、各個人の役割が異なるため、「社会的手抜き」も起こりにくいと思われます。このような集団において典型的に起こりうる問題とは、どのようなものでしょうか。それを考える際には、チームのプロセスモデルが役立ちます。

　図表6-6は、イルゲンらが組織におけるチームの研究をレビューするにあたり、チームの発達プロセスを形成過程、実行過程、終了過程の3つに分け、それぞれの過程の下にチームメンバーの情緒的側面、行動的側面、認知的側面についてどのようなことが起こるかをまとめたものです。[11]

　欧米では、医療チームや軍隊のチームを対象にする研究が多いため、この表は異質役割集団でも同質役割集団でも当てはまるものと考えられます。

　異質役割集団の場合は、形成過程が重要だと考えられます。特に異なる専門性を持つ人を集めて集団を形成する場合、それぞれのメン

---

11 ―Ilgen, et al.（2005）.

バーがユニークに持つ専門的な視点や情報を集団活動に反映させることが肝要です。

　ところが、それまでの経験が異なるために、集団の立ち上がり時にコミュニケーションのすれ違いや意見の衝突などの困難が生じることが予想されます。このようなメンバーの多様性の問題は、異質役割集団に限ったことではありませんが、異質役割集団はこうした状況になることがより多いと思われます。

　この表の、形成過程における行動的側面の情報の収集と戦略の決定が、困難克服のキーとなります。情報の収集では、各メンバーが持っている情報の共有が含まれます。この難しさについては、次節で説明します。専門性の異なるメンバーから提供された情報を活用して集団の意思決定や戦略決定を行う際には、何を基準として異なる意見をすり合わせていくか、また、その基準についてメンバーの理解と同意が得られることが重要です。

　筆者は以前に採用選考用の適性検査の開発を行っていましたが、新しい検査の開発の際には、測定精度の向上のために多くの項目を必要とすることと、使い勝手を考えて項目数を減らすことは、よく意見がぶつかるポイントでした。また、事前の精度確認を綿密に行うことと、市場のスピードに遅れないように商品を早くデビューさせることの葛藤にも直面しました。

　いずれの場合も、テスト受検者の利益を重視することを基準として、現実的な妥協点を話し合いました。つまり、集団が重視する価値観や基準について、ある種の同意が形成される必要があるのです。

2-4 集団内での情報共有の難しさ

　集団メンバー間の情報の共有については、あまり楽観視できないことを示唆するギジョンとヘイスティの研究があります。[12] 図表6-7

---

[12] －Gigone and Hastie（1993）.

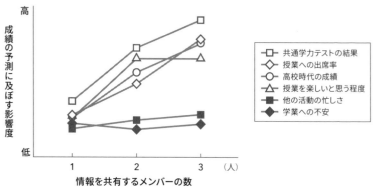

図表6-7　情報を共有するメンバーの数が成績の予測に及ぼす影響

高

成績の予測に及ぼす影響度

低

1　　　　2　　　　3　（人）
情報を共有するメンバーの数

成績の予測に及ぼす影響度

凡例：
- □ 共通学力テストの結果
- ◇ 授業への出席率
- ○ 高校時代の成績
- △ 授業を楽しいと思う程度
- ■ 他の活動の忙しさ
- ◆ 学業への不安

出所：Gigone and Hastie（1993）.

は、大学生が3名のグループを作り、与えられた6つの情報をもとにして36名の大学生の成績を予測するという課題に取り組んだ結果です。

　与えられた情報には、共通学力テストの結果や高校時代の成績、授業への出席率の他に、授業を楽しいと思う程度や、学業への不安などを自己評価した結果などが含まれます。6つの情報のうち3つの情報で、話し合いの前に情報を共有していたメンバーが多いほど、成績の予測に影響したことが示されました。すでにみんなが知っている情報ほど、話題になりやすく、意思決定に用いられやすくなったと考えられます。

　社会心理学者の亀田達也氏らの研究では、みんなが知っていることを話す人物ほど、集団の中心的な人物であって、集団の意思決定に影響力を持つため、このような行動をとることが示されています。[13]

　自分しか持っていないユニークな情報をどのくらい共有するかを調べた研究は、他にも数多くあります。自分しか知らない情報ではなく、みんなが知っている情報のほうが話題になりやすく、その結果、

---

[13] ーKameda, et al.（1997）.

意思決定の質が低下することが一貫して示されています。[14]

　このような状況が、企業の職場やチームで実際どの程度起きているのかはわからないのですが、1つ言えることとして、どうやら人と話をするときには、話をする目的（情報の共有、妥当な意思決定など）ではなく、話し合いをしている他者の反応に思いのほか影響を受けているのではないかということです。新しい視点や情報を得るために話し合っているつもりでも、ひょっとすると、みんなが同じ意見を持っていることを確認する場になっていないかを意識することは有効かもしれません。

　ギジョンとヘイスティの研究では、大学生が実験に参加していて、実験課題を協力して行うことが求められたため、同質役割集団に該当します。一方で異質役割集団の場合、他のメンバーが自分が知らないユニークな情報を持っていることが明らかなため、情報の共有は阻害されにくいはずです。

　しかしながら、前述したように異質役割集団では、参加メンバーの多様性は機能・役割にとどまらず、背景や価値観に及ぶことがある点に注意が必要です。関係性を良好に保とうと他のメンバーの行動や発言になるべく合わせようとしすぎると、共有されたユニークな情報を十分に活かすことができなくなるかもしれません。そうならないためにも、集団が重視する価値や基準が重要になってくるのです。

　進化的な視点での集団活動に関する議論では、集団メンバーが情報を共有することが環境適応に効果的で、社会的生活を営むうえで重要であることが指摘されています。組織におけるチームについても、メンバー間の情報共有がうまくいっているとパフォーマンスが向上することが、多くの研究で示されています。同質役割集団であっても異質役割集団であっても、どのような情報を、どのようにメンバー間で広く、効果的に共有するかに、チームのパフォーマンス向上のヒントが隠されているといえます。

---

14 ─たとえば、Lu, et al.（2011）など。

本章では、集団で活動することの利点と、他者とうまく協力関係を築くためのキー概念として信頼を取り上げました。次章では、具体的に対人相互作用を行う際に知っておくと役立つことについてお話しします。

第2節のまとめ

心理学の研究成果

- 同じ課題を集団で同時に行うと、個人で行うときと比べてパフォーマンスが低下する傾向がある。
- 集団での話し合いでは、多くの人に共有されている情報のほうが、特定の個人が持つユニークな情報よりも共有されやすい。
- 集団メンバーで共有されている情報のほうが、そうでない情報よりも結果への影響度が高い。

職場への応用ポイント

- 社会的手抜きが起きそうな場面では、その仕事の意義を強調したり、個人の貢献が見えるような工夫をすることが効果的である。
- 異質役割集団のパフォーマンスを上げるためには、集団形成の段階でメンバーからのユニークな情報提供や、それを戦略や意思決定に反映するために集団が重視する価値や基準作りが効果的である。

第7章 人との関係性をうまく保つ

　災害の発生時には、相互扶助がうたわれたり、ボランティア活動への参加が定着したりしつつあるようです。一方で日々のニュースを見ると、暴力や攻撃性にまつわる事件が多く、暗い気持ちになることも多いのではないでしょうか。人には攻撃性もあれば、他者に対する思いやりや協調の精神も持ち合わせています。この相反する特徴は、人間関係を良好に保つうえでのキーとなります。

　前章では、人が協力して何かを行うことの利点や難しさについて見てきましたが、人が日々他者と相互作用するときは、さまざまなやり取りが行われます。第7章では、それらのうち、対人支援、攻撃性、そして相互作用における最も一般的な現象である対人コミュニケーションについて取り上げます。

1 怒りの矛先を人に向ける
——攻撃性

　人々の対立は、国家や宗教、歴史が絡んでくると、解消することはそう簡単ではないのですが、私たちの周囲の人間関係のいざこざはどうでしょう。思いのほか解決が難しかったり、大きな悩み事になったりすることが少なくありません。

　本節では、人の攻撃性はどのような特徴を持つのか、また、いったん対人関係がうまくいかなくなったときに、私たちはどのように和解や関係の修復に取り組むのか、さらに、進んで人のために何かを行うといった社会性についても考えます。

1-1　2つの攻撃性

　職場での大きな問題の1つが、人間関係のトラブルです。パワーハラスメント（パワハラ）といった言葉がありますし、職場における暴力の問題も、日本ではそれほど多くはないかもしれませんが、米国などではよく取り上げられているようです。なぜ、そして、どのような状況において、私たちは攻撃的になるのでしょうか。

　攻撃性は、「悪意のある攻撃性」と、「道具的な攻撃性」に分けられます。[1]「悪意のある攻撃性」は、感情的で突発的で、相手に害を及ぼすことを最終目的とします。一方で「道具的な攻撃性」は、計画的で、問題解決や何らかの目的達成のために行われるものであって、相手に害を及ぼすことはその手段にすぎません。

　「悪意のある攻撃性」と「道具的な攻撃性」は、常に明確に分けられるわけではありません。また、暴力は攻撃性の1つですが、言葉や態度による攻撃もあります。

---

1 ―Ramirez（2009）.

1-2 衝動的な「悪意のある攻撃性」

　攻撃性は進化的に人に備わっている性質であるといわれていますが、少なくとも現代社会では、攻撃性が良い結果をもたらすことはほぼなくなっています。そのため、多くの人々は、無用な攻撃性を抑えるためのメカニズムを身につけているのです。

　たとえば、動物では実子でない子どもを虐待する確率は、実子の場合に比べると高く、この現象は自己の子孫を残すことを優先する、という進化によって得られた傾向として説明が可能です。しかし、人間の場合、実際の発現割合は非常に小さく、実子でない子どもに攻撃を加えることに意味がないだけでなく、社会的なモラルに反すると判断される現代社会において、攻撃性が抑えられていることがわかります。

　そこで、通常ならば抑えられるはずの悪意のある攻撃性が抑えられないのはなぜかということが問題となります。そのメカニズムについては、多くの研究が行われています。

　デヴォールらの研究において、大学生を対象に行った実験で、認知的に難しい課題を行った参加者は、その後にフィードバックされた自分のエッセイに対するコメントがネガティブで挑発的なものであった場合、コメントした相手に対して、より攻撃的に振る舞ったことが示されています（図表7-1）。

　一方、認知的に難しい課題を事前に行わなかった場合は、挑発的なフィードバックを受けた後でも、良いフィードバックを受けた場合と同程度に、相手に対する攻撃性を示しませんでした。[2]

　この実験の結果から、認知的な課題によって自分を制御する心理的資源が使われてしまった状態では、攻撃的な反応を抑えることが難しかったことがわかります。仕事で追い込まれていたり、疲れていたりすると攻撃的な言動に歯止めが利きにくくなることは、よくある現象

2 ―DeWall, et al. (2007).

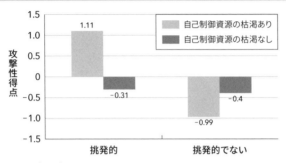

図表7-1　自己制御資源の枯渇と挑発が攻撃性に与える影響

出所：DeWall, et al.（2007）.

といえるでしょう。思い当たる節がある人もいるかもしれません。

1-3 「悪意のある攻撃性」の転移

衝動的な攻撃性だけでなく、「悪意のある攻撃性」には転移的な性質があることがわかっています。いわゆる「とばっちり」というもので、攻撃性が挑発をした相手ではなく、別の対象に向かう現象です。

ブッシュマンらによる実験では、実験参加者は、最初の実験パートナーから自分の書いたエッセイに侮辱的な評価をされます。[3]反芻思考を行う群では、その8時間後に別のパートナーと新たな実験課題を行うこと、そのパートナーは自分のエッセイと評価を事前に見ており、8時間後に会う際に、それらの評価の説明を新しいパートナーに行ってもらうことを伝えられます。

つまり、新たなパートナーにエッセイの評価について説明する予定があるため、8時間の間に自分のエッセイの侮辱的評価について思い出したり、考えたりする必要がありました。反芻思考を行わない群も、8時間後に新たな実験課題を行うことを伝えられますが、こちら

---

3 ―Bushman, et al.（2005）.

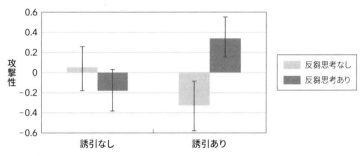

図表7-2　反芻思考と誘因が攻撃性に及ぼす影響

出所：Bushman, et al. (2005).

では新たなパートナーには、エッセイの評価が知らされることはな
く、もらった評価はこの場で破り捨てるように指示されます。

　両群に対して、8時間後に行う課題において、新たなパートナーに
対する攻撃性が測定されました。結果は**図表7-2**のとおりです。8時
間後に、課題を行った実験参加者は、その課題について新たなパート
ナーから評価を受けます。

　反芻思考をした群では、新たな課題が平均よりやや低い評価を受け
た場合（誘因あり）には、それが引き金となって、最初の侮辱的評価
とは関係のない新たなパートナーに対して、攻撃性を発揮する結果と
なりました。一方で誘因はあっても、反芻思考をしなかった群では、
攻撃性は見られませんでした。また、新たな課題が平均よりやや高く
評価された場合（誘因なし）、反芻思考の有無にかかわらず、攻撃性が
抑えられたことがわかりました。

　このように、通常はうまく抑え込まれているはずの攻撃性は、
ちょっとしたことで、たがが外れてしまうことを自覚することは大切
でしょう。その場での怒りの感情はいったん抑え込めたとしても、思
い出したり考えたりすることによって、また影響が出てしまうことが
あるようです。

1-4 上司から部下への「道具的な攻撃性」

　職場においては、このような「悪意のある攻撃性」ではなく、少なくとも攻撃を行っている側は「道具的な攻撃性」を意図していることが多いかもしれません。たとえば、親心から厳しく部下を指導しているつもりでも、部下は攻撃されたと思ってしまうときなどです。

　このような場合、攻撃を行っている側は合理的で冷静な判断をしていると思っているかもしれません。しかし、攻撃が目標達成にとって本当に良い手段であるかは、慎重に考える必要があります。

　部下を虐待的に扱うリーダーの下では、自分の能力や仕事ぶりに自信のない部下ほど、組織や上司に対して攻撃的な態度や行動を示したり、いらつきや悪意を感じたりする傾向が強いことがメイヤーらによって示されました（図表7-3）。つまり、良かれと思って部下に厳しく接する場合でも、部下が自分の能力に自信がない場合には、部下を良くしようとする目的は果たされず、反発されるだけに終わる可能性が高いということです。[4]

　このようになる理由として、おそらく自己の能力に自信がない人ほど、上司の行動を自分に対する悪意と解釈するのではないかと考えられています。

　攻撃性には個人差もあることが知られていて、攻撃的な傾向を持つ人は、相手の意図を攻撃的であると解釈する傾向が強いことがわかっています。さらに、状況の不確実性が高い場合ほど、つまり、なぜ上司が虐待的に振る舞うのかの解釈が確定していない状況下では、上司の行動は否定的に捉えられることも示されています。

　このように、攻撃的だったり、虐待的だったりする行動は、受け手がそれをどのように認知するかで、反応は異なります。仮に攻撃性を道具的に用いようとする場合には、狙った結果が得られるかどうかについて、かなり慎重になるべきでしょう。

---

4 ―Mayer, et al. (2012).

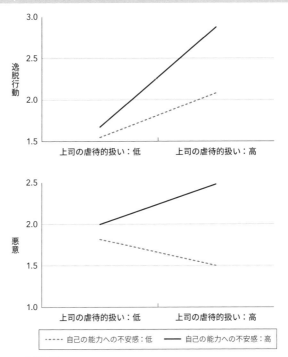

| 図表7-3 | 上司の虐待的扱いと自己の能力への不安感が
部下の逸脱行動や悪意に及ぼす影響 |

出所：Mayer, et al.（2012）.

1-5 和解のスキル

　社会的動物である私たちにとって、自らの生き残りのために周囲から受け入れられることは非常に大切です。そのためか、私たちには対立した関係を修復しようとする傾向が強く備わっている可能性があります。

　ゴールデンモンキーと呼ばれるサルを対象としたレンらの研究で、同じグループ内で衝突した相手とは、その後にさまざまな接触行動が増加することがわかっています（図表7-4）。

　同じペアの衝突なしの場合の接触行動は、それに比べると有意に少

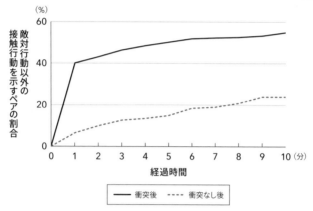

図表7-4　一定時間内に示される非敵対行動の累積割合

（%）

敵対行動以外の接触行動を示すペアの割合

衝突後　---- 衝突なし後

経過時間

出所：Ren, et al.（1991）.

ないことがわかります。衝突直後の接触行動は、和解行動であると考えられるのです。人の和解行動にはもっとさまざまな形があるはずですが、少なくとも自分の同じグループ内の他者に対しては、和解を求めようとすることは容易に想像できます。[5]

　それでは、なぜ私たちはうまく仲直りできないのでしょうか。レンらの研究は同じグループに属するサル同士を見たものですが、私たちはさまざまな集団に属していて、誰が自分の仲間で、誰とつながっておくことが大切かは、明確で安定しているわけではありません。また、人の仲直り行動は単なる身体接触のような単純なものではなく、さまざまなパターンがあり、その結果、相手がそれを仲直り行動ととるかどうかの解釈も複雑になってしまいます。

　和解や葛藤解決の方法は、年齢や関係性によって異なります。これまでの友人や知人、兄弟姉妹、恋人など、上下関係のない相手との葛藤解決に関する研究を統計的にまとめた結果がラウセンらによって報告されています。[6]

---

5 －Ren, et al.（1991）.

葛藤解決の方法としては全体的には交渉が多いものの、子どものうちは自分の要求を強要することもある程度行われ、相手との距離をとることはあまりありません。年齢が上がって青年期になると、強要は減って、交渉が増えることがわかりました。また、若年の成人になると、交渉が多いのですが、相手との距離をとることも比較的行われるようになります。

　以上の結果は、主に欧米での研究をまとめたものですが、私たちにとってもあまり違和感のない結果といえるでしょう。相手との葛藤が、2人の関係性にとってどの程度重要な問題であるか、また、解決の見込みの大きさによって、交渉をしたり、距離をとったりするかが決まってくるようです。

　この他、自分の要求の強要は、親子や、おそらく上司と部下の間には見られるのでしょうが、同等の関係性の下ではその後の仲直りを難しくして、関係そのものの解消につながる可能性があるために、大人になるとあまり用いられなくなるものと思われます。いずれの葛藤解決の方法が選択されるかはさておき、その裏には、やはり相手との関係を継続させたいという思いが見てとれます。

1-6 他者のために行動する

　いったんこじれてしまった関係の修復はもとより、私たちにはもっと積極的に他者のために何かをしてあげたいと思う性質が備わっているようです。

　130を超える国で調査を行ったアクニンらの研究により、国の経済力にかかわらず、人のためにお金を使った経験のある人は、幸福感が高いことが報告されています。[7]

　アクニンらはさらに、経済力の異なるカナダ、インド、ウガンダで

---

6 ーLaursen, et al. (2001).
7 ーAknin, et al. (2013).

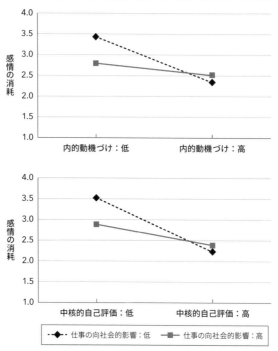

| 図表7-5 | 感情の消耗への内的動機づけや中核的自己評価の効果に仕事の向社会的影響が及ぼす影響 |

出所：Grant and Sonnentag（2010）．

次のような実験を行いました。人のためにお金を使ったことを思い出してもらう群と、自分のためにお金を使ったことを思い出してもらう群で、その後の幸福感を尋ねたところ、3カ国いずれも、他人のためにお金を使ったことを思い出した群ほど、幸福感が高かったことが報告されています。

　また、自分の行っている仕事が人の役に立っているという感覚を持つことが、仕事そのものへの内的動機づけの低さや自己評価の低さといった、通常はネガティブな要素が感情の消耗に及ぼすネガティブな影響を軽減することを示した研究があります（図表7-5）。

　彼らは米国の浄水場で働く人とその上司に対する質問紙調査を行っ

た結果、仕事への内的動機づけや自己評価が低い人ほど、仕事を通じた感情の消耗を強く感じるが、自分の仕事の社会的貢献を感じられる場合（「向社会的影響」高群）は、その程度が抑えられていることを示しました。さらに、感情の消耗度合いの低い従業員ほど、上司のパフォーマンス評価が高かったことも示しています。[8]

　人と仲良くやっていきたい、人のために役に立ちたいと思う、という性質を多くの人々が持っているにもかかわらず、対人問題が存在するのはなぜかといった素朴な疑問をもとに考えてきました。悪意のある攻撃性は、相手との関係性というよりも自分の状態に起因することが多いようですし、道具的な攻撃性は目的達成の手段としては、あまり効果的ではないようです。

　ひょっとすると、人間関係の問題の少なくとも一部分は、こじれる前の仲直りにポイントがあるのかもしれません。たとえば、攻撃を相手の悪意と受け取ってしまうことは避けられませんが、相手の意図を確認することができれば、深刻な問題には発展しないかもしれません。大人の関係修復行動にヒントがあるように思われます。

　次節では、関係の修復というよりも、もっと積極的に人助けをすることの心理について見ていきます。

---

8 ―Grant and Sonnentag (2010).

第1節のまとめ

心理学の研究成果

- 悪意のある攻撃性は、心理的資源が枯渇することで抑制が利かなくなる。
- 攻撃性が喚起される状況を繰り返し考えることで、攻撃性が維持される。
- 他者のための行動をとると、幸福感が増す。

職場への応用ポイント

- 何らかの目的（例：部下の指導）があって、あえて攻撃的な振る舞いをする場合は、目的が達成できるかを慎重に検討すべきである。
- 攻撃的に振る舞われた場合でも、相手の意図（なぜそんな振る舞いをしたのか）を確認するほうがよい。
- 感情消耗を伴う対人サービス業では、仕事で人に貢献しているという感覚を高めることが効果的である。

2　人を助け、助けられること
──対人援助

　あなたは誰かに助けてもらうことが多いでしょうか。それとも、誰かを助けることが多いでしょうか。前者に No と言い、後者に Yesと言う人はどのくらいいるでしょうか。

　これまでの研究で、前者に Yes と言う人は、後者にも Yes と言う傾向があることが報告されています。なぜ助けられることと助けることには関係があるのでしょうか。またその現象は、人を助けたり人に助けられたりする関係性に、どのように影響するのでしょうか。

　人が人に対して行う援助に関して、「ソーシャルサポート」や「対人援助」という用語で、心理学では研究が行われてきました。本節ではいくつかの研究から、どうすれば人をうまく助けたり、助けられたりできるのかについて考えます。

2-1　助ける側と助けられる側のすれ違い

　職場を見回してみると、対人援助が必ずしもうまくいっていないことも多いようです。たとえば、隣の部署の同僚が、パワハラを受けているとの噂を耳にします。あまり親しくないのに、そんな話をするのは相手に対して失礼な気がします。パワハラが事実だとしても、自分にいったい何ができるでしょう。口出しをすれば、おせっかいなヤツだと思われてしまいそうです。何となくやり過ごしているうちに、同僚は退職してしまいました。やはりパワハラが理由だったらしいとの噂を聞きました。

　なぜ同僚を助けることができなかったのでしょうか。そのうち、なぜ同僚は、自分ではなくても周囲の人に早く助けを求めなかったか、それを責めたい気持ちになってくるのです。

　このような場面でのすれ違いの原因について、感情の視点取得がう

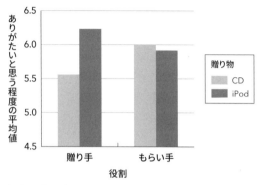

図表7-6　贈り手・もらい手によるありがたいと思う程度の違い（贈り物別の検討）

出所：Flynn and Adams (2009).

まくいかないからだとの指摘がボーンズとフリンによってされています。[9] 援助行動ではありませんが、感情の視点取得がうまくいかないことを示す実験もフリンとアダムスによって行われています。[10] 贈り物の贈り手ともらい手の感情のすれ違いに関する実験で、贈り手は値段の高い贈り物のほうが、もらい手に喜ばれるだろうと思っているのですが、もらい手が喜ぶ程度は贈り物の値段とは無関係でした。

　実験では、まず参加者は、贈り手ともらい手にランダムに分けられ、さらに贈り物が高額の場合（iPod）と低額の場合（CD）に振り分けられます。そのうえで、もらい手は自分が贈り物をありがたいと思う程度を、贈り手は相手が贈り物をありがたいと思う程度を予想して回答しました。

　結果は図表7-6のとおりです。さらにこの研究では、贈り手は、値段の高い贈り物は相手に対する配慮であると思うことで、受け取った相手の反応を高く見積もったことを示しました。

　視点取得とは、相手の立場に立って物事を見ることです。通常、視

9 ─ Bohns and Flynn (2010).
10 ─ Flynn and Adams (2009).

点取得は相手の立場を経験していると容易になります。たとえば会社内で、開発担当者が営業担当者と話をするときに、過去に営業経験があれば、相手がどんなことを考えているか、何を重視するかが理解できるでしょう。

一方、「感情」の視点取得の場合、相手の感情を想像したり、共感したりすることが必要になります。理解や認知とは異なり、感情はその時々の反応であるため、多くの人が助ける側と助けられる側の両方を経験しているにもかかわらず、難しい面があるようです。

以降では、助ける側と助けられる側の感情や心理について見ていきます。

2-2 助ける側にとっての人助けの効用

人を助けることは、一般に快の感情を伴うことがわかっています。人助けをすることは、本人にとって、ある種の報酬となります。

なぜ、人助けをすると良い気分になるのでしょうか。自分には他者を助ける力があると思って、自尊心が向上するからでしょうか。それとも、人を助けることは社会的に価値のある行動であり、自分は良い行いをしたのだと思うからでしょうか。

この問いに答えるために、グラントとジノの実験において、大学の寄付金を集める担当者を対象に実験が行われました。[11] 寄付金管理部署の代表者が来て担当者に礼を述べる群（お礼あり群）と、そうでない群（お礼なし群）を設けて、この前後で自主的に寄付金集めの電話をかけた回数（向社会的行動）をカウントしました。

その結果は図表7-7のとおりで、お礼あり群のほうが自主的に多く電話をかけたことがわかりました。ちなみに、担当者の給与は固定で、電話をかけた回数とは関係がありません。この実験ではさらに、お礼あり群の電話かけの増加は、自尊心ではなく、自分の価値を認め

---

11 ― Grant and Gino (2010).

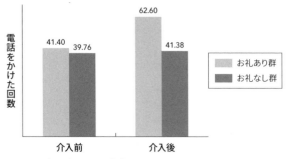

図表7-7　お礼あり群・お礼なし群別の向社会的行動の変化

電話をかけた回数

62.60

41.40　39.76

41.38

お礼あり群
お礼なし群

介入前　　　　　　　　介入後

出所：Grant and Gino（2010）をもとに作成。

てもらっていると思う程度によって説明されたことを報告していま
す。

　私たちは、直感的に人に協力をする傾向があるようです。これまで
の多くの経験から、見返りを求めずに協力をする行動を自然にとる
ようになっていることが、ランドとノバックの研究で示されていま
す。[12] もちろん、支援に大きなコストがかかる場合は別でしょうが、
私たちは一般に、喜んで人助けを行うのです。では、なぜ職場での助
け合いはうまくいかないのでしょうか。

2-3 職場での助け合いの難しさ

　近年の大きな自然災害をきっかけに、多くの人がボランティア活動
に参加したり、自分にできることを探して貢献したりしています。こ
のようなボランティア活動では、被災者が困っていることは明らかで
すし、支援の申し出を断られることは少ないでしょう。被災していな
い人は、誰もが支援をすべき立場にあります。自分に支援をする能力
があるか、また、そもそも何を支援すべきかがわからないということ

12 ― Rand and Nowak（2013）.

はあるかもしれませんが、それでも支援しないほうが良かったとは誰も思わないでしょう。

　職場での助け合いとの大きな違いは、職場では誰が何に困っているかが見えづらく、そもそも支援が必要かどうかわからないこと、支援を拒否される可能性があること、あるいは必要な支援が特定されていてそれは自分には提供できないこと、などがあり、そういった違いが助け合いを難しくしていると考えられます。

　加えて研究の結果からは、助ける必要がないと思う理由が２つ考えられます。１つは、困難な状況に置かれた人の心理的苦痛を、私たちは軽く見積もる傾向があることです。もう１つは、困っていれば助けを求めてくるはずだと考えてしまうことです。

　前者に関しては、オンラインのゲームで仲間外れに遭う実験を行って、それを観察していた第三者が、仲間外れに遭った当人が感じた心理的痛みのレベルを、本人よりも低く見積もったことを示すノードグレンらの研究があります。[13] あるいは、他者が特定の状況下でストレスを感じているときに、その程度を甘く見積もる傾向を持つ人がいることを示すベン・アヴィらの研究もあります。[14]

　困っている本人が助けを求めてくるかに関しては、学生の学業やそれ以外の悩みについて学生アドバイザーが支援を行うプログラムを題材とした実験がボーンズとフリンによって行われています。[15] 学生の利用が少ないプログラムについて、助けを求める側である「学生」の立場で考えると、利用するのに遠慮があるからだとして、プログラムに資源を投入することを勧めたのに対して、助ける側である「学生アドバイザー」の立場で考えると、必要ないから資源は投入しないほうがよいという意見になったのです。

　助けてほしい場合には、相手が察してくれることはあまり期待できないため、そう主張したほうがよいし、助ける側は言ってこないから

---

13 ― Nordgren, Boanas, and MacDonald (2011).
14 ― Ben-Avi, et al. (2018).
15 ― Bohns and Flynn (2010).

といって助けを必要としていないわけではないことを認識することが必要でしょう。

2-4 なぜ助けてほしいと言えないのか

　助けを求めない理由には、相手に迷惑をかけたくない、断られたくない、自分のプライドが傷つく、などが考えられます。迷惑をかけるかどうかは、相手との関係性にもよりますし、頼む内容にもよるので一概にはいえません。しかし、助けを必要としている人は断られる可能性を必要以上に大きく見積もる傾向があるようです。

　大学のキャンパスで、通りすがりの学生にさまざまな依頼をする実験がフリンとレイクによって行われました。[16] 依頼をするのも学生ですが、彼らは事前に、依頼を聞いてもらうまでに何名くらいに頼む必要があると思うかを予測します。依頼内容は、アンケートへの回答、携帯電話を使わせてもらう、道案内を頼む、といったものでした。

　結果は、依頼の内容にかかわらず、当初予測したよりも少ない数で、実際は依頼に応じてくれたことがわかりました（図表7-8）。人は頼まれると断りにくいものですが、その程度を低く見積もっていたことが理由だと考えられています。

　それでは無邪気に頼めばよいかというと、そうでもなさそうです。一度依頼を断られると、次の頼み事をするのが極端に難しくなるでしょう。思ったよりも他者は依頼を受け入れてくれるのかもしれませんが、それでも断られたくないのが、本音でしょう。

　助けを求めない理由には、プライドが傷つくからや、メンツが損なわれるからといったこともあります。職場での支援を求める場合には、この点が問題になることも多いかもしれません。ところが、人はやったことではなく、やらなかったことを強く後悔する傾向が、特に長期的な視点で見ると、あるようです。「聞くは一時（いっとき）の恥、聞かぬは

---

16 ―Flynn and Lake (2008).

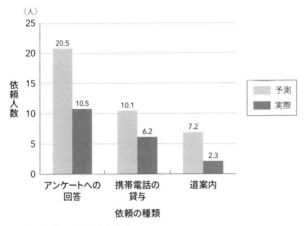

（人）

依頼人数

予測
実際

20.5
10.5
10.1
6.2
7.2
2.3

アンケートへの
回答
携帯電話の
貸与
道案内

依頼の種類

出所：Flynn and Lake（2008）をもとに作成。

一生の恥」ということわざがあるように、断られるリスクを恐れず、相談をするところから始めることがよいのかもしれません。

2-5　インビジブルサポートの効用

　ソーシャルサポート研究の中で、最近注目されているのがインビジブルサポート（invisible support）です。困ったときにサポートが得られると思うことは、おおむね良い結果につながるのですが、実際にサポートを受け、さらにその事実を認識することは、必ずしも良い結果にならないことがわかっています。これは上述のように、プライドが傷つくことの懸念を考えれば、納得がいくのではないでしょうか。

　カップル同士の支援行動を用いて、インビジブルサポートが自己効力感（自分にさまざまなことをうまく行う力があるとの認知）に及ぼす影響を見たハウランドとシンプソンの研究があります。[17]

　最も自己効力感が高まったのは、本人はあまりサポートを得たと思っていない（サポート受領の認識が低い）けれども、観察者の評定で

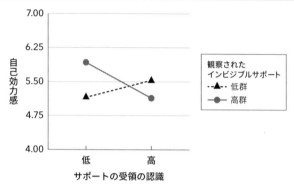

図表7-9 　インビジブルサポートが自己効力感に及ぼす影響

出所：Howland and Simpson（2010）．

インビジブルサポートを多く受けた人であったことがわかりました。

　同程度に多くのインビジブルサポートを受けていたとの観察がなされた場合も、本人が多くのサポートを受けたとの認識がある（サポート受領の認識が高い）場合には、自己効力感の高まりはさほどありませんでした。一方で、そもそもインビジブルサポートが少なかった場合には、本人がサポートを受けたとの認識があっても、あまり自己効力感は高まりませんでした（図表7-9）。

　この実験では自己効力感が用いられていますが、そもそも自尊心（自己の評価）が低い人は、他者からの支援を受け入れにくいことがわかっています。そのような人に対しても、うまくインビジブルサポートを提供することが効果的だと思われます。

　ただし、インビジブルサポートは、助けてもらう側にとっては望ましいのですが、助ける側への見返りが少なくなってしまいます。人助けをすることは、助ける側にも良いことがあると述べましたが、やはり相手からの感謝があることはモチベーションとして大きいと思われます。

---

17 －Howland and Simpson（2010）．

日本企業の管理職の中には、部下に対してインビジブルサポートを行っている人もいます。そのときは部下がサポートに気づかないとしても、将来その部下が管理職になれば、過去の上司からのインビジブルサポートに気づくかもしれません。

　一方、今後は管理職にならない人も多いでしょう。上司・部下間にかかわらず、職場の助け合いをうまく機能させるためには、インビジブルサポートを提供する側のモチベーションが維持できることが望ましいと考えられます。助けられた本人が気づかなくても、周囲で見ていた人がサポートを認知して、助けた人を評価したり、その人にポジティブなフィードバックを行ったりすることは効果的かもしれません。

　人が他者に対して攻撃性を見せたり、支援を行ったりといった行動の多くは、コミュニケーションを伴います。次節では、対人コミュニケーションについて考えます。

第2節のまとめ

心理学の研究成果

- 対人援助を行うことは、社会的に価値のある行いをしたと思えるポジティブな効果がある。
- 対人援助を控える理由には、援助の必要性を低く見積もることや、援助を断られることを避けようとすることなどがある。
- 対人援助は、受け手が援助されていることを認識できない形で行う（インビジブルサポート）と、受け手の自己効力感の低下を避けることができる。

職場への応用ポイント

- 適切な援助の特定が難しく、また、援助が得られる可能性は高いため、援助を必要とする側から働きかけるほうがよい。
- 特に若手など必要な援助が特定できない、あるいは自信がないメンバーには、インビジブルサポートが望ましい。
- 援助を提供する側の価値を認めるような仕組みや機会を設けることで、さらに援助の提供を促すことができる。

3 コミュニケーションと人間関係
──対人コミュニケーション

　コミュニケーションは、私たちが日常生活を送る中で、他者や社会とかかわる際の最も重要な活動の1つといえるでしょう。仕事におけるコミュニケーションの重要性は、心理的安全性への注目度の高さからうかがい知ることができます。仕事の中で、意見や考えを発言できない、誤りを指摘できない、あるいは反論することができないといったことは、個人の心理のみならず、会社全体の生産性に及ぼす影響にも大きなものがあります。[18]

　また、私たちのコミュニケーションのありようは、テクノロジーの進展によってかなり様変わりしてきました。たとえば、若者はコロナ禍以前から、コミュニケーション活動を部分的にSNSに切り替えていました。ただし、学校で友人とおしゃべりをした学生が、帰宅してさらに電話で長話をすることは数十年前から珍しいことではなく、実質的な違いはあまりないような気もします。

　一方で、対面でのコミュニケーションが制限されることの影響も指摘されています。コロナ禍の影響でテレワークに移行して、上司や同僚とのコミュニケーションが変化した人、在宅勤務で家族とのコミュニケーションが変化した人も多いのではないでしょうか。孤独を感じたり、途方に暮れたりする人が、学生のみならず働く人にも出てきていることはよく耳にします。

　コミュニケーションの形は、本書でお話ししてきた対人信頼や、協力行動、対人支援などにどのように影響をするのでしょうか。私たちが日常行っている対面のコミュニケーションについて、改めて考えつつ、それが対人関係に及ぼす影響を見ていきます。

---

18 ─ Edmondson, et al. (2016).

3-1 心理学におけるコミュニケーション研究

　コミュニケーションについては、言語学や社会学、情報学、脳科学など、心理学以外のさまざまな分野でも研究が進められています。ここでは心理学の研究を紹介しますが、その中でも研究関心によって、どのような場面の、どのような人物間の、どのような目的や機能を持ったコミュニケーションを研究対象とするかが異なります。また、たとえば協力関係のように、コミュニケーションが介在している現象を扱う際にも、コミュニケーションそのものは研究対象にならないことも多いのです。

　便宜上、ここで扱うコミュニケーションを以下に限定します。

　コミュニケーションの当事者たちは、話者は相手に対して何らかのメッセージを伝えたいという意思があり、受け手も相手からメッセージを受け取っていると認識しています。やり取りされるメッセージは、たとえば無言での目配せのみではなく、言語を介してのある程度まとまりのあるものを前提とします。

　ただし、メッセージのやり取りの中で交わされるジェスチャーや、表情、声のトーンなどの非言語情報も、メッセージの一部をなすものとします。メッセージの交換は原則対面で行われ、メールやチャットについては、特に断りのある場合を除いて、対象外とします。

　以降は、他者との日常のコミュニケーションを考えるうえで使いやすいと思われる、コミュニケーションの機能の視点を用いて話を進めます。コミュニケーションの機能は、主に「情報の伝達を行うこと」「相手との関係性を築くこと」の２つからなると考えられています。[19]異なる機能分類として、コミュニケーションそのものを目的とする「コンサマトリーコミュニケーション」もあります。[20]

　これらの区分を参考にしながら、ここでは、仕事上で必要な情報

---

19 ─Scollon and Scollon (1995).
20 ─池田 (2000)。

のやり取りをすることを目的とする「課題遂行コミュニケーション」と、仕事での人間関係構築を目的とする「関係構築コミュニケーション」の表現を用いることとします。

なぜ機能的な視点を用いて考えるのかには、2つの理由があります。1つは、「コミュニケーションがうまくいった」状態を考えるうえで重要であるから、もう1つは、家族や友人との会話などのように仕事とは関係のない社会生活の中で行うコミュニケーションと仕事でのコミュニケーションの重要な違いに関連しているからです。

3-2 課題遂行コミュニケーション

仕事場面では、課題遂行コミュニケーションのほうが多く行われ、重視されます。上司からの仕事のアサインメントやアドバイス、部下からの仕事の進捗報告や相談だけでなく、他部署との調整、顧客への営業、社外パートナーへの仕事の依頼など、どの場合も、コミュニケーションを通じて達成したい目的が明確に存在します。それらをめぐる会話には、一部、コミュニケーションそのものを楽しんだり、関係構築につながったりする内容もありますが、これが主な目的ではありません。

課題遂行コミュニケーションをうまく行うためには、何といっても伝えたいメッセージが、的確に伝わることが必要です。その結果、何らかの対象について当事者間で共通の理解が得られることも重要でしょう。

仕事のアサインメントの場合は、仕事の内容を部下が的確に理解することも、部下がその仕事を納得して引き受けることも、どちらも課題遂行コミュニケーションの結果となりえます。後者の場合は、仕事そのものの説明に加えて、その部下に仕事を任せる理由や上司の期待などが、部下に伝わる必要があります。

ところが、課題遂行コミュニケーションにおいて、自分の言ったことが誤解されたり、相手の言っていたことを誤解したりした経験が誰

でも何度かはあるのではないでしょうか。課題遂行コミュニケーションが意外と難しいことは、何となく実感されているのではないでしょうか。メッセージのやり取りがすれ違う心理的な理由については、社会心理学の分野から多くの理論やそれを支持する実証研究が行われています。

3-3 相手の立場に立つ難しさ

視点取得と呼ばれる、相手の視点になって物事を考えることは、ミスコミュニケーションの軽減に役立つことが期待されます。上司は、部下の立場に立ってコミュニケーションを取ることで、相手が誤解しないような伝え方が可能になるといったことです。ところが、これがあまりうまくいかない可能性を指摘する研究があります。[21]

図表7-10は、意味の不明瞭な10の文章について、相手が正確に理解できるかどうかを予測した数と、実際に正確に理解された数を示し

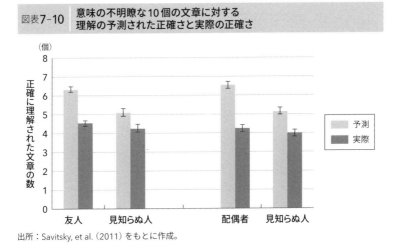

| 図表7-10 | 意味の不明瞭な10個の文章に対する理解の予測された正確さと実際の正確さ |

出所：Savitsky, et al.（2011）をもとに作成。

21—Savitsky, et al. (2011).

たものです。相手が友人と見知らぬ人の場合の比較（左側）でも、相手が配偶者と見知らぬ人の場合の比較（右側）でも、実際の理解の正確さの度合いは変わらないのに対して、友人や配偶者の場合のほうが、より正確に理解できるだろうと予測されていました。

　視点取得は、聞き手よりも話者にとって難しいということを指摘する研究者もいます。さらに、上司と部下のように立場の強さが異なる関係の場合、立場の弱い人が相手の発言によって注意深くなることも示されています。立場の強い人が発言するときにはかなり気をつけて、相手の視点を取得する必要があるということでしょう。

3-4 ミスコミュニケーションの回避

　相手との共通認識を持つことが課題の遂行に不可欠である場合に、上記のようなずれが生じる可能性を認識することが特に重要です。実際、会議で議事録をとったり、その内容について会議参加者間で齟齬が生じていないかを改めて確認したりすることは、多くのビジネスパーソンが行っていて、共通認識の重要性は意識されているようです。もちろん、完全というわけではないかもしれませんが、すれ違いや勘違いは、このような機会に修正されることで、共通認識の確度は高まるでしょう。

　他方、議事録をとることのない、上司や同僚との間での仕事上の情報交換や相談事では、会話による理解に負うところが大きいと思われます。このような場合も、私たちはかなりの頻度で自分や相手の認識を確認したり、修正したりしています。

　リペアと呼ばれるこの行動例は、図表7-11に示すとおりです。リペアは、さまざまな言語において、平均1.4分に1回のペースで生じていることがわかっているので、かなり一般的な行動です。[22]

　またフッサロリらは、自由な会話と課題遂行のためのタスクに関

22―Dingemanse, et al. (2015).

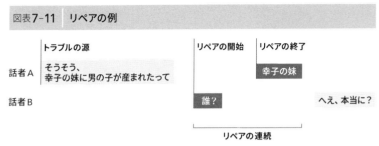

図表7-11　リペアの例

トラブルの源　　　　　　　　　　　　リペアの開始　リペアの終了

話者A　そうそう、
幸子の妹に男の子が産まれたって　　　　　　　　　　幸子の妹

話者B　　　　　　　　　　　　　　　　誰?　　　　　　　　へえ、本当に?

リペアの連続

出所：Dingemanse, et al.（2015）をもとに作成。

連する会話を比べると、タスク関連の会話において、リペアが多く行
われていることを示しました。[23] リペアを意識することで、完璧では
ないにしてもミスコミュニケーションを減らせそうです。会話を楽し
む際には多少のずれは気にしなくてもよいのですが、ここぞというう
きなどには、わかった気になっていないか、話の内容は正確に相手に
伝わっているかを確認しつつ会話を進めて、気になることはその場で
確認するといった小さな心掛けが効果的なのです。

3-5 関係構築コミュニケーション

　関係の構築や維持に関するコミュニケーションにはどのようなもの
があるでしょうか。普段の友人とのおしゃべりには、課題遂行コミュ
ニケーションはあまり含まれず、おおむね関係構築コミュニケーショ
ンだといえそうです。

　それでは、職場での同僚や同期との立ち話は、関係構築コミュニ
ケーションだといえるでしょうか。もちろん立ち話の内容にもよるの
ですが、会議などでの話し合いに比べると、関係構築の要素は多いと
考えられます。

　テレワークによる雑談の機会や非公式の会話の減少が問題だと指摘

23―Fusaroli, et al.（2017）.

されるとき、新しいアイディアが出ないことによる創造性の低下や、必要な情報が十分共有されないリスクが挙げられますが、個人にとっては、関係性の構築あるいは、維持の難しさもネガティブな影響として大きいのではないでしょうか。

　良好な人間関係は、個人の幸福感を高めたり、身体的な健康とも関連したりすることが研究により示されています。また、仕事を集団で行うことを考えると、人間関係の良好さとパフォーマンスの間にはポジティブな関係が予想されます。もちろん、組織や仕事の特徴によってパフォーマンスに関係する程度には違いがあるでしょうが、組織メンバーへのポジティブな効果を考えると、良好な人間関係は組織にとって望ましいことだといえそうです。

3-6 調和とコミュニケーション

　関係性コミュニケーション（relational communication）をテーマに、コミュニケーションと人間関係の関連を検討する研究がありますが、対象が夫婦や恋人、親子関係に関するものがほとんどです。これらの関係性は、親しいことが望ましいとの前提がある点で、職場の人間関係とは異なるかもしれないのですが、参考になりそうな知見も出てきています。

　最近は家族の形も多様化しているからか、カーナーとフィッツパトリックは、図表7-12で示すような2軸で関係性の違いとコミュニケーションの特徴を示しました。

　家族であっても、どの程度メンバー間の調和が大事であるかには違いがあり、それについて会話する程度にも違いがあることになります。調和が大切で、メンバー間で会話を行う場合は「合意タイプ」で、調和は大切にするが会話が少ない場合は「保護タイプ」となります。調和を重視しない場合には、会話が多いと「多元タイプ」、会話が少ないと「放任タイプ」になります。[24]

　この考え方を職場に援用すると、個人が周囲と異なる意見を発言す

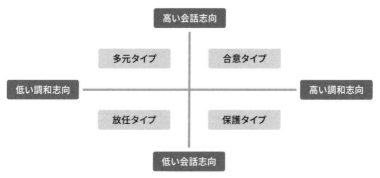

高い会話志向

多元タイプ　　　　　　合意タイプ

低い調和志向　　　　　　　　　　　　　　　　高い調和志向

放任タイプ　　　　　　保護タイプ

低い会話志向

出所：Koerner and Fitzpatrick（2006）をもとに作成。

るかどうか（調和の志向性）や、頻繁に自分の思っていることを発言するかどうか（会話の志向性）の程度によって組織のタイプが決まります。

　家族と異なり、個人の指向するタイプと職場や組織のタイプの間にずれがある場合は、個人が組織に合わせるか、組織が個人のタイプに寛容になることが求められます。たとえば、同僚と一体感を持って目標に邁進するような仕事の進め方を志向する個人は合意タイプといえますが、個人の果たす役割が明確で、あまり相互作用なしに仕事を進める職場は放任タイプになります。皮肉なようですが、個人や組織の会話志向が低い場合も、ギャップを埋めるためには、まずは会話することが必要になるでしょう。

3-7　上司と部下の関係性

　職場における 2 者間の関係性では、上司・部下間の交換関係（LMX: Leader Member Exchange）という考え方があります。上司と部下の

24－Koerner and Fitzpatrick（2006）.

個別の関係性が、それぞれの資源の交換をベースに構築されるとする考え方です。

　高いLMXでは、価値の高い資源の交換の蓄積により、リーダーとメンバーの間に強い愛着を伴う関係性が成立しており、メンバーのパフォーマンスの向上や組織へのコミットメントなどの望ましい結果が得られることが示されています。

　どのように資源の交換が生じているのかについて、詳細に検討を行ったリャオらの研究が報告されています。[25] この研究では図表7-13に示す理論モデルを検証して、おおむね支持する結果が得られています。

　日々の細かなエピソードごとに、リーダーからメンバーに、メンバーからの貢献を超えた資源（情報、アドバイス、称賛、サポートなど）が提供されると、メンバーはそれに見合う貢献を返すべきとの感覚を強め、その結果、メンバーの仕事へのエンゲージメントと、その後のリーダーへの貢献度が高まります。

　面白いことに、高いLMXが確立してしまえば、両者の関係は長期的なものとして認識されているため、超過して得られたものをすぐに戻さなくてはというメンバーの感覚は弱まります。おそらく、リーダーも多くの資源を毎回与えなくてはならないということもなくなると思われます。

　関係性ができるまでは、日々仕事を依頼したり、されたりする細かなやり取りが関係性に影響します。コミュニケーションについても同様に、特に関係構築時はミスコミュニケーションや、意図を誤解することが極力起きないように丁寧な会話をすることで、双方にとっての資源交換の価値を高める必要があります。最初は資源を多く持つ上司の側からたくさんの資源提供を行うことに加えて、立場の強い上司のほうが、ミスコミュニケーションを見落としやすいことにも留意する必要があります。

25—Liao, et al. (2019).

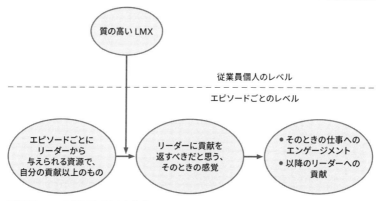

図表7-13　エピソードごとのリーダー・メンバー間の資源の交換に関する理論モデル

出所：Liao, et al.（2019）をもとに作成。

　近年、多くのコミュニケーションが対面ではなくオンラインへと移行しています。対面でなくなることによって、相手の感情の認知やそれに伴う共感が難しくなることが指摘されています。これは、関係構築コミュニケーションへの影響が大きくなることを示唆します。

　一方で、課題遂行コミュニケーションについては、オンラインコミュニケーションのほうが情報の伝達がより的確になる可能性も指摘されています。しかし、たとえば上司から部下へのネガティブなフィードバックのように、相手の感情面での反応を見ながらでなければ、メッセージの内容を的確に伝えることが難しい場面もあるでしょう。また、職場の多様化が進んで相手の立場に立つことが難しくなれば、課題遂行コミュニケーションを的確に行うためにも、今まで以上に関係構築コミュニケーションの重要性が増すということも考えられます。

　コミュニケーションのポイントは、期待する相手の反応を引き出すことです。特に仲直りや対人援助などの際には、相手を威嚇したり、強制したりするのではなく、相手が自らの意志で行動することが肝心です。相手をよく知らない場合は、相手がどのように反応するかにつ

いて十分に想像力を働かせることが必要ですが、一度関係性ができれ
ばコミュニケーションはそれほど難しいものではなくなり、私たちは
そこから多くのものを得ることが可能になるはずです。

第3節のまとめ

心理学の研究成果

- 自分の話した内容が相手に伝わる程度を、過大に見積もる傾向がある。
- ミスコミュニケーションを避けるためのリペアと呼ばれる確認行動は、それが必要とされる会話でより多く用いられる。
- 上司・部下間の良好な交換関係（LMX）は、互いの資源のやり取りによって構築されるが、一度関係性ができると、都度の資源交換が関係性に及ぼす影響は小さくなる。

職場への応用ポイント

- 立場の強い人ほど、相手に自分の話や意図が伝わっていない可能性を意識する必要がある。
- ミスコミュニケーションを避ける工夫として、内容理解を確認できる場を持つことが望ましい。
- 関係構築初期の上司・部下間のコミュニケーションでは、特に上司側から多くの情報を提供することが効果的である。
- 多様性の高い職場では、課題遂行コミュニケーションの質の向上に、ある程度の関係構築ができていることが望ましい。

終章 心理学を問題解決にもっと活用するには

　本書では、さまざまなテーマについて、関連すると思われる心理学の研究を紹介してきました。終章では、個人や社会の問題解決に、心理学をどのように役立てるかについて、改めて考えてみます。

1 「素朴心理学」と学問としての心理学

　「はじめに」で、ハイダーの「素朴心理学」(naive psychology) の紹介をして、私たち1人1人が自前の心理学を持っていることを説明しました。それでも、学術的な心理学の研究には実用的な価値が多くあることを述べました。そこでは、私たちが経験から獲得した心の理論には限界があることに触れつつ、それを補うものとしての研究知見の価値を指摘しました。

　それでは、心理学の知識を使えば職場の問題はすべて解決するかといえば、もちろん、そんなことはありません。本書を読んで、ご自分の周囲にある問題や現象について、新たな視点を得たり、ご自身が思ったことが整理されたりして役に立ったという方がいらっしゃれば、それはとてもうれしいことです。

　しかし、得られた知識を使うことを具体的に考えると、思いのほか難しいことに気づかれた方も多いでしょう。心理学の研究目的の多くは、人の心理に関する科学的な真実を追求することであって、問題解決ではありません。そのため、研究の知見を課題解決に使うのは、心理学者であったとしても結構難しいのです。

　ところが最近、心理学や行動科学の知見を教育や政策決定、健康管理といった場面で積極的に活用する動きがあります。そして、いくつかの試みにおいて、高い成果をあげたことが報告されています。そこ

で、教育と政策決定における心理学の活用例を紹介しながら、個人や社会の問題解決に役立つ可能性について考えます。

2　教育における心理的介入

　イェーガーとウォルトンは、教育における社会心理学的な介入の効果についてレビューを行いました。[1]彼らが取り上げた研究の中には、第5章で紹介した自己肯定感を高める操作の効果を検証したものもあります。それと異なるものとして、たとえば潜在的な能力観に働きかけるものが紹介されていました。

　ブラックウェルらは、都市部の家計収入が少ない黒人とヒスパニックの7年生を対象に、一部の学生には学習スキルを教えるセッションに加えて脳の機能が鍛えれば強くなることを学ぶセッションを実施しました（介入群）。[2]残りの学生は学習スキルのセッションにのみ参加しました（非介入群）。

　図表終-1がその結果です。非介入群の学生と比較して、介入群の学生では数学の能力が上昇したことが報告されています。介入群は、脳の機能についてのセッションを受けることで、増加的な能力観（能力は鍛えれば高まる）を身につける一方、非介入群の能力観は固定的（能力は「努力しても」変わらない）であったことによるものだと論じています。

　ウォルトンとコーエンが行った別の研究では、ネガティブなステレオタイプにさらされている学生が、周囲に受け入れられ、価値を認められていると思うことで、望ましい効果が得られることを示しました。[3]

　この研究の実験1では、コンピュータサイエンスに適した特徴を持

---

1 ―Yeager and Walton (2011).
2 ―Blackwell, et al. (2007).
3 ―Walton and Cohen (2007).

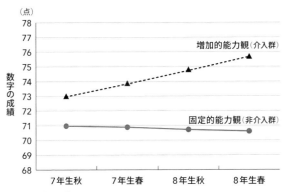

出所：Blackwell, et al.（2007）.

つ友人の名前を「2名挙げる群」「8名挙げる群」「そのようなリスト
アップをまったくしない群（比較のため黒人の学生のみ）」に、白人の
学生と黒人の学生がランダムに割り振られました（図表終-2）。

　実は、2名の場合と比べて8名の友人の名前を挙げることは、白人
学生にとっても黒人学生にとっても難しいことでした。しかし、白人
学生では、2名の条件と8名の条件で自分がコンピュータサイエンス
で成功すると思う程度には差がなかったのに対して、黒人学生では8
名の条件の場合に、その程度が低下することがわかりました。これ
は、8名の友人の名前を挙げるという課題を行ったことで、黒人学生
のみが自分の人種グループはその分野に向いていないと感じてしまっ
たためだと解釈されています。

　さらに実験2では、実際にこれからコンピュータサイエンスを履
修する学生を対象に、自分に向いていないと感じたり、失敗したりす
ることは、ごく普通のことだと思わせるための課題を行います。その
効果は、黒人学生に対してのみ有意で、その後の成績が向上したこと
を示しました。

　以上のように、いくつかの研究では心理的な介入の効果が示されて
いるのですが、イェーガーとウォルトンは、こういった介入は決して

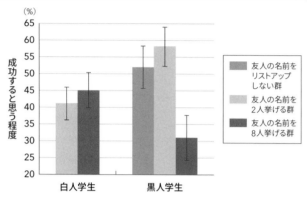

出所：Walton and Cohen（2007）.

万能ではないことを強調しています。実際のところ、同じことを行っても成功するかどうかは、環境によって左右されるのです。

　そのアナロジーとして、飛行機が飛ぶという奇跡的なことは、エンジンや機体の形状やパイロットの操作など、さまざまな要因の組合せで実現していることを挙げています。気流によって機体が上昇したり、翼の形や位置で前に進むスピードが影響を受けたりすることは実験室でも確認できるのですが、いざ本物の飛行機を飛ばすとなると、さらに試行錯誤やチューニングが必要となります。

　同様に心理的介入でも、実験室で理論を確認した後、フィールド実験を行う際には、介入方法をその場の目的や環境に合わせてうまくデザインすることが必要になるのです。

　ここで紹介する介入は、直感に反して短時間で行われており、記憶に残るような印象の強いものではなく、介入の対象になるような人に介入意図を知らせることなく行われています。このような方法は、心理学による説得の研究に基礎があります。

　また、介入の効果は意外なほど長期にわたって持続しているのですが、その裏には介入時に想定した効果に加えて、成功経験が自動的に

再現されたり、獲得した反応が強化されたりするメカニズムが働いていると考えられます。つまり、介入そのものに加えて、自分の成功を実感できることや、自分がさらに前進できると信じることを、どのように起こせるかがポイントになります。

　説得の方法も、経験の再現も、それを示唆するような研究がすでに心理学にはあります。ただし、問題解決の文脈ではないため、そういった知見を持つ心理学者が、状況を考慮しながら適切にデザインし、適用する必要があるのです。

　次に、心理学的知見を問題解決に応用した政策決定の例を共有しましょう。

3　政策決定における効果

　英国で孤独担当大臣なるポストが新設されたニュースを聞いた方がいるかもしれません。経済的に発展した国において、対人関係の希薄化や孤独は、じわじわと深刻な社会問題を引き起こしつつあります。また、このような明らかに心理的な社会問題だけでなく、ここ数年、心理学や行動科学を政策決定や社会問題解決に積極的に活用しようとする動きが欧米を中心に起こっています。

　2010年に英国において行動洞察チーム（Behavioral Insights Team）が創設され、政策決定に行動経済学や心理学の知見を取り入れる取組みがなされています。その後、チームの活動は米国やオーストラリア、シンガポール、ニュージーランドなどに広がっています。

　このチームの成果としては、たとえば、税金を正しく納めていない人から5％以上の支払い増加を実現したことや、臓器提供登録者を10万人以上増加させたことなどが挙げられます。このような成果が出たチームの活動の成功の背景には、やはり個別の環境を考慮したことがありそうです。そのために、教育への心理学の知見適用と同様に、具体的な方法については、まず社会実験が行われ、その結果を活かすことで、成功を収めています。

心理学や行動科学の政策決定への関与についてレビューを行ったサンスティンによれば、このような取組みの効果は、人々に新しい行動の利益をプラスに感じてもらえることや、物事を選択する際の構造を変えることなどによって生じるとしています。[4]

たとえば、住宅ローンの借換えによって利益が出るような政策を実行しても、人々にその利点が伝わらなければ意味はありません。あるいは、食品を手に届きにくい所に置くだけで、食べる量を減らすことができることを利用すれば、健康に良くない食品の摂取を減らすことができるかもしれません。

上記のような変化を起こすための効果的な方法も、いくつかわかっています。たとえば、デフォルトルール（予防接種は全員受けるものだが、個人が選択すれば受けないこともできる、とすることで接種率を上げる）、行動の意図やコミットメントを表明すること（「今度の選挙には必ず投票に行きます」との宣言をさせる）、社会的規範の使用（ほとんどの人がボランティアに参加することを知らせる）、損失を嫌がる傾向の利用（省エネのテクニックを利用しないと、1万円損をするという仕組みを作る）、フレーミング（「10％脂肪が含まれる」の表示のほうが、「90％の脂肪カット」よりも脂肪分を避ける場合は効果的）などが挙げられます。

行動洞察チームでは、2011年にホールスワースらがまだ税金の支払いをしていない10万人の市民に手紙を送りました。その手紙文には、次の4つのバージョンがありました。[5]

①10人中9人が期限内に納税しています。
②英国では、10人中9人が期限内に納税しています。
③英国では、10人中9人が期限内に納税しています。あなたは未納税である少数者のうちの1人です。

4 ―Sunstein (2016).
5 ―Hallsworth, et al. (2017).

④納税をすることで、私たちはみんな保険・道路・学校などの重要な公共サービスを受けることができます。

　④を除いて、①〜③は社会的規範を利用したメッセージになっています。これらの手紙は非常に有効で、4つのバージョンのどれかを受け取った人は、手紙を受け取らなかった人の4倍もの人が納税を行いました。最も有効な手紙は③で、郵送後1カ月もしないうちに、318万ドルもの税が納められたのです。

　ただし、政策決定に心理学を使用することは、プラスの面ばかりではなく、たとえば、気づかないうちに政府の意図どおりに行動させられるのではないかという不安が生じるとの指摘もあります。

　特に効果が出れば出るほど、どういった場合に心理学的知見を用いることが許容されるかは、難しい問題になっていきます。教育への活用や健康増進といった本人にとってのポジティブな価値が明らかなものと異なり、国や組織といった集団全体へのプラス面と個人の選択や意思決定の自由のバランスをどう考えるかについては、ある種のガイドラインが求められるように思われます。

　課題はありつつも、少なくとも個人と社会の双方にとって必要である問題解決には、積極的に心理学を活用することは決して悪いことではないと考えます。そのため必要なことは、適用先の状況や環境に合わせた実験や研究でしょう。

4　心理学の知見を職場の問題解決にどう活用するか

　教育や政策での活用例は、影響範囲が大きいので、慎重なチューニングが必要になります。もしそういった類いのもので、心理学を活用する場合は、やはりその分野を専門に研究されている心理学者に相談することが望ましいと思います。

　ただし、職場で日々生じる問題については、心理学者でなくとも心理学の知見を活用することはできるでしょう。経験から構築した自前

の心理学に加えて、学術的な心理学の知見を用いることはプラスの情報なので、無駄にはなりません。学術的な知見は、多くの研究者が長い時間と精緻な研究手法を通じて作り上げてきたものです。自分の考えとの同異を考えるだけでも、価値があるのではないでしょうか。

最後に、筆者自身が心理学の知見を活用する際に気をつけていることを挙げておきます。ここからはあくまで私の考えですので、それを踏まえてお読みいただければ幸いです。

心理学の研究は、誰にとっても、どんな状況でも真実である一般性の高いものをめざします。ただし、たとえば文化や、属性の違いによって異なることは結構あります。したがって、手元にある問題について考えたときに、学術的な知見が当てはまらないように感じる可能性はあります。学術論文を読むと、研究結果の制限にも、きちんと触れられているのですが、それは専門家ではないとわかりにくいでしょう。

また、心理学では抽象的な概念が用いられます。たとえば「自尊心」という自分をポジティブに捉える程度を表す心理的概念は、目に見える実体を伴うものではありません。丁寧な定義の上に成り立つ概念であるために、適用が意外と難しく、たとえば自分の仕事の能力に自信を持つことと、「自尊心」とは強く関連していますが、同じものではありません。一般性の高い知見であっても、それを正しく適用するのは心理学者でなければ難しいことがあるのです。

しかし、私たちが知見を活用する際には、上記の限界を認識したうえで、もう少し気軽に行ってもよいと思います。活用ポイントの1つ目は、理論を当てはめて考えたときに「なるほどね」と思えるかどうかを基準にすることです。「なるほどね」と思うのは、自前の心理学と同じ場合に限りません。自前の心理学とは異なり、確かにそう考えると問題の見え方が変わって、そちらもありだと思える「なるほどね」もあるということです。

活用ポイントの2つ目は、すぐに解決策に向かおうとしないことです。心理学の研究は、現象の裏にある一般的な心理的なメカニズム

を説明するために行われているため、特定の状況下での解決策を出すことは得意ではありません。

　本章で紹介した教育や政策決定への活用例にしても、コアにあるメカニズムは安定した心理学知見ですが、問題解決に向けては、それ以外の多くの知恵が必要になります。研究知見は、目の前にある問題が、なぜどのような理由で生じているのかを理解するときに力を発揮します。ただし、確からしい現象理解の先に解決方法を考えることは、皆さんに任されています。

　活用ポイントの３つ目は、問題解決にあたる際には、うまくいっているかどうかを確認するタイミングや方法を事前に考えておくことです。その際にも、可能であれば心理学の知見をもとに、どのような可能性があるかを複数想像しておくとよいでしょう。

　先に紹介したウォルトンとコーエンの研究では、マイノリティである黒人学生には効果がありましたが、白人学生には効果がありませんでした。コンピュータサイエンスの分野で研究室に残るか迷っている女子学生に、失敗するのは普通であることをわかってもらうために同じ研究室の女性の先輩の話をしたら、進学をする気になってくれるでしょうか。迷っている理由が自信のなさにある場合は、効果があるかもしれません。効果がない場合は、先輩の話をどう受け止めたかを聞いて、理由を確認する必要がありそうです。

　１人の思想家が提供する知見にも貴重なものがありますが、心理学には多くの研究者が確立された手法を用いながら丁寧に積み上げてきた知見がたくさんあります。一般化をめざすがゆえに使いにくいことがある点には上記で触れましたが、逆に一般化をめざすがゆえに、皆さんが直面する状況に当てはまるものも多くあるでしょう。

　心理学が提供する多くの知見が、皆さんの問題解決のヒントになれば、こんなにうれしいことはありません。

参考文献

- Achtziger, A., et al. (2008) "Implementation Intentions and Shielding Goal Striving From Unwanted Thoughts and Feelings." *Personality and Social Psychology Bulletin* 34(3): 381-393.
- Ajzen, I. (1991) "The Theory of Planned Behavior." *Organizational Behavior and Human Decision Processes* 50(2): 179-211.
- Aknin, L. B., et al. (2013) "Prosocial Spending and Well-being: Cross-cultural Evidence for a Psychological Universal." *Journal of Personality and Social Psychology*, 104(4): 635-652.
- Amit, E., and J. D. Greene. (2012) "You See, the Ends don't Justify the Means: Visual Imagery and Moral Judgment." *Psychological Science* 23(8): 861-868.
- Aquino, K., et al. (2009) "Testing a Social-Cognitive Model of Moral Behavior: The Interactive Influence of Situations and Moral Identity Centrality." *Journal of Personality and Social Psychology* 97(1): 123-141.
- Ashraf, N., et al. (2006) "Decomposing Trust and Trustworthiness." *Experimental Economics* 9(3): 193-208.
- Bandura, A. (2006) "Toward a Psychology of Human Agency." *Perspectives on Psychological Science* 1(2): 164-180.
- Bargh, J. A. (1997) "The Automaticity of Everyday Life." In R. S. Wyer (eds.) *Advances in Social Cognition, Vol.10*, pp.1-61.
- ——, and E. Morsella. (2008) "The Unconscious Mind." *Perspectives on Psychological Science* 3(1): 73-79.
- Barsky, A. (2011) "Investigating the Effects of Moral Disengagement and Participation on Unethical Work Behavior." *Journal of Business Ethics* 104(1): 59-75.
- Bauer, J. J., and G. A. Bonanno. (2001) "I can, I do, I am: The Narrative Differentiation of Self-efficacy and Other Self-evaluations while Adapting to Bereavement." *Journal of Research in Personality* 35(4): 424-448.
- Becker, M., et al. (2012) "Culture and the Distinctiveness Motive: Constructing Identity in Individualistic and Collectivistic Contexts." *Journal of Personality and Social Psychology* 102(4): 833-855.
- Beilock, S. L., C. A. Kulp, et al. (2004) "More on the Fragility of Performance:

Choking under Pressure in Mathematical Problem Solving." *Journal of Experimental Psychology: General* 133(4): 584-600.

- ———, T. H. Carr, et al. (2002) "When Paying Attention Becomes Counterproductive: Impact of Divided Versus Skill-focused Attention on Novice and Experienced Performance of Sensorimotor Skills." *Journal of Experimental Psychology: Applied* 8(1): 6-16.

- Ben-Avi, N., et al. (2018) "'If Stress is Good for Me, It's Probably Good for You Too': Stress Mindset and Judgment of Others' Strain." *Journal of Experimental Social Psychology* 74: 98-110.

- Blackwell, L. S., et al. (2007) "Implicit Theories of Intelligence Predict Achievement across an Adolescent Transition: A Longitudinal Study and an Intervention." *Child Development* 78(1): 246-263.

- Bohns, V. K., and F. J. Flynn. (2010) "'Why didn't You Just Ask?' Underestimating the Discomfort of Help-seeking." *Journal of Experimental Social Psychology* 46(2): 402-409.

- Bonanno, G. A. (2004) "Loss, Trauma, and Human Resilience: Have We Underestimated the Human Capacity to Thrive after Extremely Aversive Events?" *American Psychologist* 59(1): 20-28.

- ———, et al. (2002) "Resilience to Loss and Chronic Grief: a Prospective Study from Preloss to 18-months Postloss." *Journal of Personality and Social Psychology* 83(5): 1150-1164.

- Brady, S. T., et al. (2016) "The Psychology of the Affirmed Learner: Spontaneous Self-affirmation in the Face of Stress." *Journal of Educational Psychology* 108(3): 353-373.

- Brewer, M. B. (1991) "The Social Self: On Being the Same and Different at the Same Time." *Personality and Social Psychology Bulletin* 17(5): 475-482.

- Brissette, I., et al. (2002) "The Role of Optimism in Social Network Development, Coping, and Psychological Adjustment during a Life Transition." *Journal of Personality and Social Psychology* 82(1): 102-111.

- Brockner, J., and E. T. Higgins. (2001) "Regulatory Focus Theory: Implications for the Study of Emotions at Work." *Organizational Behavior and Human Decision Processes* 86(1): 35-66.

- Brown, K. W., and R. M. Ryan. (2003) "The Benefits of Being Present: Mindfulness and Its Role in Psychological Well-being." *Journal of Personality and Social Psychology* 84(4): 822-848.

- Brunstein, J. C., and P. M. Gollwitzer. (1996) "Effects of Failure on Subsequent Performance: The Importance of Self-defining Goals." *Journal of Personality and Social Psychology* 70(2): 395-407.

- Bushman, B. J., et al. (2005) "Chewing on It Can Chew You Up: Effects of Rumination on Triggered Displaced Aggression." *Journal of Personality and Social Psychology* 88(6): 969-983.
- Cheshire, C., et al. (2010) "Trust and Transitions in Modes of Exchange." *Social Psychology Quarterly* 73(2): 176-195.
- Cohen, G. L., and D. K. Sherman. (2014) "The Psychology of Change: Self-affirmation and Social Psychological Intervention." *Annual Review of Psychology* 65: 333-371.
- Creswell, J. D., et al. (2005) "Affirmation of Personal Values Buffers Neuroendocrine and Psychological Stress Responses." *Psychological Science* 16(11): 846-851.
- Crocker, J., et al. (2008) "Why does Writing about Important Values Reduce Defensiveness? Self-affirmation and the Role of Positive Other-directed Feelings." *Psychological Science* 19(7): 740-747.
- DeWall, C. N., et al. (2007) "Violence Restrained: Effects of Self-regulation and Its Depletion on Aggression." *Journal of Experimental Social Psychology* 43(1): 62-76.
- Dijksterhuis, A., et al. (2006) "On Making the Right Choice: The Deliberation-without-attention Effect." *Science* 311: 1005-1007.
- Dimotakis, N., et al. (2012) "Team Structure and Regulatory Focus: The Impact of Regulatory Fit on Team Dynamic." *Journal of Applied Psychology* 97(2): 421-434.
- Dingemanse, et al. (2015) "Universal Principles in the Repair of Communication Problems." *PLOS ONE* 10: e0136100.
- Duval, T. S., and P. J. Silvia. (2002) "Self-awareness, Probability of Improvement, and the Self-serving Bias." *Journal of Personality and Social Psychology* 82(1): 49-61.
- Edmondson, A. C., et al. (2016) "Understanding Psychological Safety in Health Care and Education Organizations: A Comparative Perspective." *Research in Human Development* 13(1): 65-83.
- Ehrlinger, J., et al. (2008) "Why the Unskilled are Unaware: Further Explorations of (Absent) Self-insight among the Incompetent." *Organizational Behavior and Human Decision Processes* 105(1): 98-121.
- Evans, J., and K. E. Stanovich. (2013) "Dual-Process Theories of Higher Cognition: Advancing the Debate." *Perspectives on Psychological Science* 8(3): 223-241.
- Finkelstein, D. M., et al. (2007) "Socioeconomic Differences in Adolescent Stress: The Role of Psychological Resources." *Journal of Adolescent Health*

40(2): 127-134.

- Flynn, F. J., and G. S. Adams. (2009) "Money can't Buy Love: Asymmetric Beliefs about Gift Price and Feelings of Appreciation." *Journal of Experimental Social Psychology* 45(2): 404-409.

- ———, and V. K. B. Lake. (2008) "If You Need Help, Just Ask: Underestimating Compliance with Direct Requests for Help." *Journal of Personality and Social Psychology* 95(1): 128-143.

- Friedman, C. P., et al. (2005). "Do Physicians Know When Their Diagnoses are Correct?" *Journal of General Internal Medicine* 20(4): 334-339.

- Fusaroli, R., et al. (2017) "Measures and Mechanisms of Common Ground: Backchannels, Conversational Repair, and Interactive Alignment in Free and Task-oriented Social Interactions." In G. Gunzelmann, et al. (eds.), *Proceedings of the 39th Annual Conference of the Cognitive Science Society*, pp.2055-2060.

- Gigone, D., and R. Hastie. (1993) "The Common Knowledge Effect: Information Sharing and Group Judgment." *Journal of Personality and Social Psychology* 65(5): 959-974.

- Gollwitzer, P. M. (1999) "Implementation Intentions: Strong Effects of Simple Plans." *American Psychologist* 54(7): 493-503.

- ———, and P. Sheeran. (2006) "Implementation Intentions and Goal Achievement: A Meta-analysis of Effects and Processes." *Advances in Experimental Social Psychology* 38: 69-119.

- Grant, A. M., and F. Gino. (2010) "A Little Thanks Goes a Long Way: Explaining why Gratitude Expressions Motivate Prosocial Behavior." *Journal of Personality and Social Psychology* 98(6): 946-955.

- ———, and S. Sonnentag. (2010) "Doing Good Buffers against Feeling Bad: Prosocial Impact Compensates for Negative Task and Self-evaluations." *Organizational Behavior and Human Decision Processes* 111(1): 13-22.

- Greenaway, K. H., et al. (2015) "From 'We' to 'Me': Group Identification Enhances Perceived Personal Control with Consequences for Health and Well-being. *Journal of Personality and Social Psychology* 109(1): 53-74.

- Haidt, J. (2001) "The Emotional Dog and Its Rational Tail: A Social Intuitionist Approach to Moral Judgment." *Psychological Review* 108(4): 814-834.

- Hallsworth, M., J. A. List, R. D. Metcalfe, and I. Vlaev. (2017) "The Behavioralist as Tax Collector: Using Natural Field Experiments to Enhance Tax Compliance." *Journal of Public Economics* 148: 14-31.

- Higgins, E. T. (1997) "Beyond Pleasure and Pain." *American Psychologist*

52(12): 1280-1300.

- ———— (1998) "Promotion and Prevention: Regulatory Focus as a Motivational Principle." *Advances in Experimental Social Psychology* 30: 1-46.
- Hobfoll, S. E. (2002) "Social and Psychological Resources and Adaptation." *Review of General Psychology* 6(4): 307-324.
- Howland, M., and J. A. Simpson. (2010) "Getting in under the Radar: A Dyadic View of Invisible Support." *Psychological Science* 21(12): 1878-1885.
- Hyvönen, K., et al. (2009) "Young Managers' Drive to Thrive: A Personal Work Goal Approach to Burnout and Work Engagement." *Journal of Vocational Behavior* 75(2): 183-196.
- Ilgen, D. R., et al. (2005) "Teams in Organizations." *Annual Review of Psychology* 56: 517-543.
- Kameda, T., et al. (1997) "Centrality in Sociocognitive Networks and Social Influence: An Illustration in a Group Decision-making Context." *Journal of Personality and Social Psychology* 73(2): 296-309.
- Kappes, A., et al. (2012) "Mental Contrasting and the Self-regulation of Responding to Negative Feedback." *Personality and Social Psychology Bulletin* 38(7): 845-857.
- Klein, H. J., et al. (1999) "Goal Commitment and the Goal-Setting Process: Conceptual Clarification and Empirical Synthesis." *Journal of Applied Psychology* 84(6): 885-896.
- Kobasa, S. C., R. Maddi, and S. Kahn. (1982) "Hardiness and Health: A Prospective Study." *Journal of Personality and Social Psychology* 42(1): 168-177.
- Koerner, A. F., and M. A. Fitzpatrick. (2006) "Family Communication Patterns Theory: A Social Cognitive Approach." In D. O. Braithwaite, and L. A. Baxter (eds.) *Engaging Theories in Family Communication: Multiple Perspectives*, Sage Publications, pp.50-65.
- Kornell, N., and J. Metcalfe. (2006) "Study Efficacy and the Region of Proximal Learning Framework." *Journal of Experimental Psychology: Learning, Memory, and Cognition* 32(3): 609-622.
- Kraus, M. W., et al. (2009) "Social Class, Sense of Control, and Social Explanation." *Journal of Personality and Social Psychology* 97(6): 992-1004.
- Latané, B., et al. (1979) "Many Hands Make Light the Work: The Causes and Consequences of Social Loafing." *Journal of Personality and Social Psychology* 37(6): 822-832.
- Laursen, B., et al. (2001) "A Developmental Meta-analysis of Peer Conflict Resolution." *Developmental Review* 21(4): 423-449.

- Liao, Z., et al. (2019) "Give and Take: An Episodic Perspective on Leader-member Exchange." *Journal of Applied Psychology* 104(1): 34-51.
- Lieberman, M. D., et al. (2007) "Putting Feelings into Words: Affect Labeling Disrupts Amygdala Activity in Response to Affective Stimuli." *Psychological Science* 18(5): 421-428.
- Lockwood, P., et al. (2002) "Motivation by Positive or Negative Role Models: Regulatory Focus Determines Who Will Best Inspire Us." *Journal of Personality and Social Psychology* 83(4): 854-864.
- Loewenstein, G. (1996) "Out of Control: Visceral Influences on Behavior." *Organizational Behavior and Human Decision Processes* 65(3): 272-292.
- ——— (1999) "Experimental Economics from the Vantage-point of Behavioural Economics." *The Economic Journal* 109(453): 25-34.
- Lu, L., et al. (2011) "Twenty-five Years of Hidden Profiles in Group Decision Making: A Meta-analysis." *Personality and Social Psychology Review* 16(1): 54-75.
- Luhmann, M., et al. (2012) "Subjective Well-being and Adaptation to Life Events: A Meta-analysis." *Journal of Personality and Social Psychology* 102(3): 592-615.
- Lyubomirsky, S., K. M. Sheldon, et al. (2005) "Pursuing Happiness: The Architecture of Sustainable Change." *Review of general psychology* 9(2): 111-131.
- ———, L. King, et al. (2005) "The Benefits of Frequent Positive Affect: Does Happiness Lead to Success?" *Psychological Bulletin* 131(6): 803-855.
- Mäs, M., et al. (2010) "Individualization as Driving Force of Clustering Phenomena in Humans." *PLOS Computational Biology* 6(10): e1000959.
- Mayer, D. M., et al. (2012) "Leader Mistreatment, Employee Hostility, and Deviant Behaviors: Integrating Self-uncertainty and Thwarted Needs Perspectives on Deviance." *Organizational Behavior and Human Decision Processes* 117(1): 24-40.
- Meier, L. L., et al. (2008) "The Double Meaning of Control: Three-way Interactions between Internal Resources, Job Control, and Stressors at Work." *Journal of Occupational Health Psychology* 13(3): 244-258.
- Menon, S. (2001) "Employee Empowerment: An Integrative Psychological Approach." *Applied Psychology* 50: 153-180.
- Metcalfe, J., and N. Kornell. (2005) "A Region of Proximal Learning Model of Study Time Allocation." *Journal of Memory and Language* 52(4): 463-477.
- Mishra, A. K. (1996) "Organizational Responses to Crisis: The Centrality

of Trust." In: R. M. Kramer, and T. R. Tyler (eds.), *Trust in Organizations*, Sage Publications, pp.261-287.

● Molm, L. D., et al. (2009) "Fragile and Resilient Trust: Risk and Uncertainty in Negotiated and Reciprocal Exchange." *Sociological Theory* 27(1): 1-32.

● Murphy, M. C., et al. (2007) "Signaling Threat: How Situational Cues Affect Women in Math, Science, and Engineering Settings." *Psychological Science* 18(10): 879-885.

● Neal, D. T., et al. (2006) "Habits: A Repeat Performance." *Current Directions in Psychological Science* 15 (4): 198-202.

● Nordgen, L. F., K. Banas, and G. MacDonald. (2011) "Empathy Gaps for Social Pain: Why People Underestimate the Pain of Social Suffering." *Journal of Personality and Social Psychology* 100(1): 120-128.

● ——— , M. W. Bos, and A. Dijksterhuis. (2011) "The Best of Both Worlds: Integrating Conscious and Unconscious Thought Best Solves Complex Decisions." *Journal of Experimental Social Psychology* 47(2): 509-511.

● Pickett, C. L., M. D. Silver, and M. B. Brewer. (2002) "The Impact of Assimilation and Differentiation Needs on Perceived Group Importance and Judgments of Ingroup Size." *Personality and Social Psychology Bulletin* 28(4): 546-558.

● Phillips, A, and P. J. Silvia. (2005) "Self-Awareness and the Emotional Consequences of Self-Discrepancies." *Personality and Social Psychology Bulletin* 31(5): 703-713.

● Pomaki, G., et al. (2004) "Work Conditions and Employees' Self-Set Goals: Goal Processes Enhance Prediction of Psychological Distress and Well-Being." *Personality and Social Psychology Bulletin* 30(6): 685-694.

● Price, P. C., and E. R. Stone. (2004) "Intuitive Evaluation of Likelihood Judgment Producers: Evidence for a Confidence Heuristic." *Journal of Behavioral Decision Making* 17(1): 39-57.

● Prochaska, J. O., et al. (1992) "In Search of How People Change: Applications to Addictive Behaviors." *American Psychologist* 47(9): 1102-1114.

● Ramirez, J. M. (2009) "Some Dychotomous Classifications of Aggression According to Its Function." *Journal of Organisational Transformation and Social Change* 6(2): 85-101.

● Rand, D. G., and M. A. Nowak. (2013) "Human Cooperation." *Trends in Cognitive Sciences* 17(8): 413-425.

● Ren, R., et al. (1991) "The Reconciliation Behavior of Golden Monkeys (Rhinopithecus roxellanae roxellanae) in Small Breeding Groups."

Primates 32: 321-327.

- Righetti, F., et al. (2011) "The Benefits of Interpersonal Regulatory Fit for Individual Goal Pursuit." *Journal of Personality and Social Psychology* 101(4): 720-736.
- Rodin, J., and E. J. Langer. (1977) "Long-term Effects of a Control-relevant Intervention with the Institutionalized Aged." *Journal of Personality and Social Psychology* 35(12): 897-902.
- Rothman, A. J. (2000) "Toward a Theory-based Analysis of Behavioral Maintenance." *Health Psychology* 19(1): 64-69.
- Rousseau, D. M., et al. (1998) "Not So Different after All: A Cross-Discipline View of Trust." *Academy of Management Review* 23(3): 393-404.
- Savitsky, K., et al. (2011) "The Closeness-communication Bias: Increased Egocentrism among Friends versus Strangers." *Journal of Experimental Social Psychology* 47(1): 269-273.
- Scollon, R., and S. W. Scollon. (1995) *Intercultural Communication: A Discourse Approach. Basil Blackwell.*
- Semmer, N. K., et al. (2010) "Illegitimate Tasks and Counterproductive Work Behavior." *Applied Psychology* 59(1): 70-96.
- Shah, J., and E. T. Higgins. (1997) "Expectancy × Value Effects: Regulatory Focus as Determinant of Magnitude and Direction." *Journal of Personality and Social Psychology* 73(3): 447-458.
- Sheeran, P., et al. (2005) "The Interplay between Goal Intentions and Implementation Intentions." *Personality and Social Psychology Bulletin* 31(1): 87-98.
- Sheldon, K. M., and S. Lyubomirsky. (2006) "Achieving Sustainable Gains in Happiness: Change Your Actions, Not Your Circumstances." *Journal of Happiness Studies* 7(1): 55-86.
- Sherman, D. K., and G. L. Cohen. (2006) "The Psychology of Self-defense: Self-affirmation Theory." *Advances in Experimental Social Psychology* 38: 183-242.
- ————, et al. (2000) "Do Messages about Health Risks Threaten the Self? Increasing the Acceptance of Threatening Health Messages via Self-Affirmation." *Personality and Social Psychology Bulletin* 26(9): 1046-1058.
- Stinson, D. A., et al. (2011) "Rewriting the Self-Fulfilling Prophecy of Social Rejection: Self-affirmation Improves Relational Security and Social Behavior Up to 2 Months Later." *Psychological Science* 22(9): 1145-1149.
- Sunstein, C. R. (2016) *The Ethics of Influence: Government in the Age of Behavioral Science.* Cambridge University Press.

- Thompson, V. A., et al. (2011) "Intuition, Reason, and Metacognition." *Cognitive Psychology* 63(3): 107-140.
- Valentine, S. R., and C. R. Bateman (2011) "The Impact of Ethical Ideologies, Moral Intensity, and Social Context on Sales-Based Ethical Reasoning." *Journal of Business Ethics* 102(1): 155-168.
- Van-Dijk, D., and A. N. Kluger. (2004) "Feedback Sign Effect on Motivation: Is It Moderated by Regulatory Focus?" *Applied Psychology: An International Review* 53(1): 113-135.
- Vazire, S., and E. N. Carlson. (2011) "Others Sometimes Know Us Better than We Know Ourselves." *Current Directions in Psychological Science* 20(2): 104-108.
- Vignoles, V. L., et al. (2002) "Sources of Distinctiveness: Position, Difference and Separateness in the Identities of Anglican Parish Priests." *European Journal of Social Psychology* 32(6): 761-780.
- Walton, G. M., and G. L. Cohen. (2007) "A Question of Belonging: Race, Social Fit, and Achievement." *Journal of Personality and Social Psychology* 92(1): 82-96.
- Warburton, W. A., et al. (2006) "When Ostracism Leads to Aggression: The Moderating Effects of Control Deprivation." *Journal of Experimental Social Psychology* 42(2): 213-220.
- Webb, T. L., and P. Sheeran. (2006). "Does Changing Behavioral Intentions Engender Behavior Change? A Meta-analysis of the Experimental Evidence." *Psychological Bulletin* 132(2): 249-268.
- Wicklund, R. A., and T. S. Duval. (1972) *A Theory of Objective Self Awareness.* Academic Press.
- Williams, E. F., and T. Gilovich. (2012) "The Better-than-my-average Effect: The Relative Impact of Peak and Average Performances in Assessments of the Self and Others." *Journal of Experimental Social Psychology* 48(2): 556-561.
- ————, et al. (2012) "Being All That You Can Be: The Weighting of Potential in Assessments of Self and Others." *Personality and Social Psychology Bulletin* 38(2): 143-154.
- Wilson, T. D., et al. (1995) "Effects of Introspecting about Reasons: Inferring Attitudes from Accessible Thoughts." *Journal of Personality and Social Psychology* 69(1): 16-28.
- Wood, W., et al. (2005) "Changing Circumstances, Disrupting Habits." *Journal of Personality and Social Psychology* 88(6): 918-933.
- Yamagishi, T., M. Yamagishi. (1994) "Trust and Commitment in the United

States and Japan." *Motivation and Emotion* 18(2): 129-166.

- Yarritu, I., et al. (2014) "Illusion of Control: The Role of Personal Involvement." *Experimental Psychology* 61(1): 38-47.
- Yeager, D. S., and G. M. Walton. (2011) "Social-psychological Interventions in Education: They're not Magic." *Review of Educational Research* 81(2): 267-301.
- Zeelenberg, M., and J. Beattie. (1997) "Consequences of Regret Aversion 2: Additional Evidence for Effects of Feedback on Decision Making." *Organizational Behavior and Human Decision Processes* 72(1): 63-78.
- Zimmerman, B. J., and M. Martinez-Pons. (1988) "Construct Validation of a Strategy Model of Student Self-regulated Learning." *Journal of Educational Psychology* 80(3): 284-290.

- 阿形亜子・釘原直樹 (2008)「相互独立的自己観・協調的自己観が社会的手抜きに及ぼす影響」『対人社会心理学研究』8：71-76.
- 池田謙一 (2000)『コミュニケーション (社会科学の理論とモデル5)』東京大学出版会.
- 今城志保・藤村直子 (2013)「キャリア意識がキャリア停滞時の行動におよぼす影響 (2) ――中年期ホワイトカラーを対象とした定量調査による仮説の検証」『経営行動科学学会年次大会　発表論文集』pp.99-104.
- ――――・繁桝江里・菅原育子 (2009)「企業組織における信頼の意味を考える」日本社会心理学会第50回大会／日本グループ・ダイナミックス学会第56回大会合同大会発表論文.
- 橋本博文 (2011)「相互協調性の自己維持メカニズム」『実験社会心理学研究』50(2): 182-193.
- フランクル，ヴィクトール・E.（1956）『夜と霧――ドイツ強制収容所の体験記録』霜山徳爾訳，みすず書房.

索引

【著者紹介】
今城志保（いましろ　しほ）
リクルートマネジメントソリューションズ組織行動研究所　主幹研究員。
1988年京都大学教育学部卒業、リクルート入社。採用関連のテスト事業部門の独立とともに、リクルートマネジメントソリューションズに転籍。96年ニューヨーク大学にて産業組織心理学で修士号、2012年東京大学大学院人文社会系研究科社会心理学博士課程後期満期退学。博士（社会心理学）。現在は面接評価などの個人のアセスメントのほか、経験学習、高齢者就労、職場の心理的安全性など、多岐にわたる研究に従事。主な著書に『採用面接評価の科学』（白桃書房）、『人を活かす心理学』『組織行動の心理学』（ともに共著、北大路書房）、『人材開発研究大全』（共著、東京大学出版会）などがある。

世界の学術研究から読み解く職場に活かす心理学
2023 年 9 月 26 日発行

著　　者——今城志保
発行者——田北浩章
発行所——東洋経済新報社
　　　　　〒103-8345　東京都中央区日本橋本石町 1-2-1
　　　　　電話＝東洋経済コールセンター　03(6386)1040
　　　　　https://toyokeizai.net/

装　丁‥‥‥‥‥‥‥新井大輔
イラスト‥‥‥‥‥‥あしはらたいじ
本文デザイン・DTP‥‥‥米谷　豪(orange_noiz)
印　刷‥‥‥‥‥‥‥港北メディアサービス
製　本‥‥‥‥‥‥‥積信堂
編集担当‥‥‥‥‥‥佐藤　敬
©2023 Imashiro Shiho　　Printed in Japan　　ISBN 978-4-492-53468-7